LECTURE

ET

PRONONCIATION

D'APRÈS UNE

MÉTHODE ENTIÈREMENT NOUVELLE

SIMPLE ET RAPIDE

Basée sur le jeu des organes de la parole

ET

POUVANT SERVIR A L'ENSEIGNEMENT SIMULTANÉ
DES ENTENDANTS PARLANTS ET DES SOURDS-MUETS

PAR J. GAILLARD

Professeur en chef à l'Institution royale et à l'Institut de Liverpool
Auteur de plusieurs ouvrages d'éducation

> « On n'exerce pas assez la raison
> des enfants; on les accoutume trop à
> croire sur parole. » ROLLIN.

PARIS

CH. DELAGRAVE ET Cie, LIB.-ÉDITEURS

78, RUE DES ÉCOLES, 78

—

1868

X

LECTURE

ET

PRONONCIATION

D'APRÈS UNE

MÉTHODE ENTIÈREMENT NOUVELLE

SIMPLE ET RAPIDE

Basée sur le jeu des organes de la parole

ET

POUVANT SERVIR A L'ENSEIGNEMENT SIMULTANÉ
DES ENTENDANTS PARLANTS ET DES SOURDS-MUETS

PAR J. GAILLARD

Professeur en chef à l'Institution royale et à l'Institut de Liverpool
Auteur de plusieurs ouvrages d'éducation

« On n'exerce pas assez la raison
des enfants; on les accoutume trop à
croire sur parole. » ROLLIN.

PARIS

CH. DELAGRAVE ET Cie, LIB.-ÉDITEURS

78, RUE DES ÉCOLES, 78

1868

Imprimerie générale de Ch. Lahure, rue de Fleurus, 9, à Paris.

PRÉFACE DE L'AUTEUR

Frappé de voir que parmi tant de Français, instruits d'ailleurs, savants même, il y en ait si peu dont la prononciation soit irréprochable, l'élocution parfaite, et qui aient sur la lecture de leur langue maternelle des idées nettes, claires et précises, nous en avons recherché la cause, et nous pensons l'avoir trouvée dans l'absence d'une méthode de lecture dont le but principal doit être la culture des organes de la parole et la classification des règles générales auxquelles est assujettie la langue parlée. La méthode que nous présentons aujourd'hui au public, fruit d'une longue expérience dans l'enseignement, a un double but : celui de cultiver l'instrument vocal et de faire apprendre à lire aux jeunes enfants d'une manière systématique, rationnelle et raisonnée. Nous avons la conscience que, bien appliquée, elle leur épargnera plusieurs années de travail, de fatigues et d'ennuis, et qu'elle aura pour immense résultat de leur apprendre à réfléchir et à raisonner en leur donnant le *pourquoi* de tout ce qu'ils font.

Mais, nous dira-t-on, à quoi bon des règles, tout un système pour enseigner à un enfant sa langue maternelle ? N'apprend-il pas à prononcer pour ainsi dire par intuition, à lire par habitude, par routine, à force de voir et de revoir le même mot. Quel intérêt y a-t-il pour lui à savoir que la langue s'agite de telle ou telle façon lorsqu'il prononce L ou R, les lèvres de telle autre lorsqu'il prononce B, P ?

Les différents sons de la voix ne sont que le résultat de l'action des muscles vocaux ; or ces muscles qui, pour arriver à leur entier développement, ont besoin d'une *gymnastique* spéciale, doivent être soumis à un travail régulier, graduel, systématique. Rappelons-nous que chez l'homme tout doit se développer et se perfectionner, et que c'est par la culture et l'exercice que nous arrivons à ce résultat tant dans l'ordre moral que dans l'ordre physique. Si chaque son, chaque articulation est perfectionnée à part, à quelle pureté de langage l'enfant n'arrivera-t-il pas? Nous aurons alors un accent vraiment national et il n'y aura pas plus de différence entre la prononciation des habitants de la province et celle des Parisiens qu'entre le même air joué sur le même instrument par deux artistes de pays différents. L'oreille d'ailleurs n'est pas un guide sûr et infaillible pour tout le monde, elle est souvent rebelle ou faussée par le milieu dans lequel on vit. Les organes de la parole eux-mêmes sont parfois durs ou imparfaits. Comment alors corriger les vices de prononciation chez les enfants sinon en leur indiquant le jeu naturel des organes de la voix? Ce travail, bien loin d'être fastidieux, les amuse au contraire. L'enfant a besoin de mouvement, le repos forcé ou le travail purement intellectuel l'ennuie et le fatigue; nous donnons un aliment à ce besoin d'action en fixant son attention sur le jeu de ses lèvres, de sa langue, etc.

Tout ce qui a rapport à la lecture et à la prononciation a été traité dans ce petit ouvrage dont les règles simples et faciles sont à la portée de toutes les intelligences. Nous avons établi le système de la parole d'une manière positive, rangé les douze sons de la langue dans un ordre tout nouveau et décrit le mécanisme des sons et des articulations ou touches de l'instrument vocal. De plus, comme nous avons suivi en tout l'ordre indiqué par la nature même, passant du simple au composé, du connu à l'inconnu, les règles se classent dans la mémoire de l'enfant avec la plus grande facilité. Notre élève, après avoir suivi ce cours, pourra lire sans hésitation les mots les plus difficiles de la langue française; de plus, les organes de la voix ayant été assouplis, développés, perfectionnés, son accentuation sera pure, sa prononciation parfaite; et comme on lui aura rendu raison de tout ce qu'il aura fait, son esprit sera satisfait et les règles se graveront pour jamais dans sa mémoire.

Nous faisons mettre ces organes en mouvement conformément aux règles établies. — Le maître, en jetant un peu de vie, d'animation et de variété dans son enseignement, peut faire de la lecture un exercice aussi amusant qu'utile. De plus, comme l'élève se rend compte de tout ce qu'il fait, il est flatté dans son amour-propre d'enfant et apprend à lire plus rapidement que par les méthodes ordinaires, les règles se fixent dans sa mémoire avec d'autant plus de facilité que nous ne les lui développons que dans leur ordre naturel, n'avançant que par gradation bien marquée, ne laissant derrière nous rien d'obscur, rien qui puisse engendrer le doute ou la confusion dans l'esprit.

Nous croyons que l'on ne saurait trop tôt traiter l'enfant en homme, car il raisonne aussitôt qu'il a acquis la faculté de penser. Ajoutons en terminant que nous nous sommes appliqué à ne donner à lire que des phrases qui, tout en ayant trait à la règle expliquée, ont une portée morale, intellectuelle ou historique.

Il est facile de voir, d'après ce qui précède, que l'on peut avec notre méthode enseigner la lecture aux sourds-muets et aux parlants simultanément, puisque l'oreille ne joue qu'un rôle secondaire dans la formation du son et que la position exacte des organes de la parole tant pour les consonnes que pour les voyelles est indiquée d'une manière précise. Seulement lorsque l'on enseigne l'alphabet aux sourds, il faut renverser l'ordre des consonnes, commencer par les fortes et ne voir les douces qu'après, car, l'instrument n'ayant pas été cultivé suffisamment, il leur est impossible de prononcer tout d'abord les sons délicats des douces.

INTRODUCTION.

Les organes de la parole peuvent être rangés parmi les ouvrages les plus merveilleux du Créateur.

Il a été prouvé que l'instrument humain est capable de produire plus de trois cents différents sons, et pourtant il est bien petit. Voyez-en les parties principales ci-dessous.

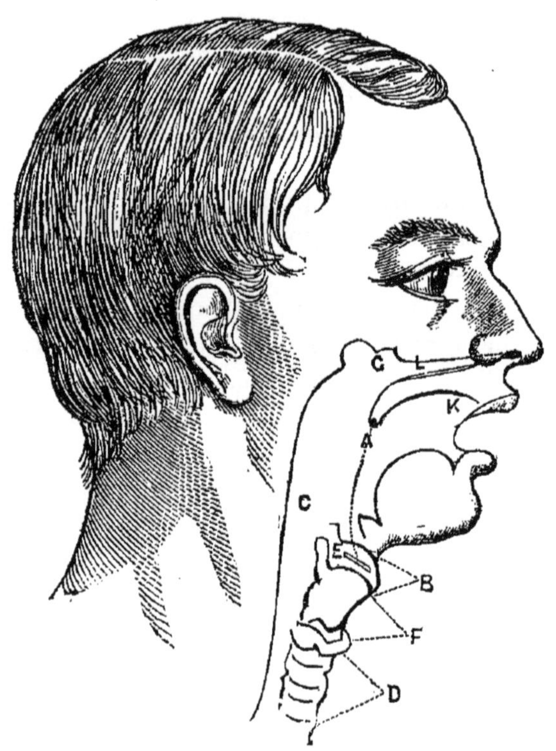

D La trachée artère. — F Le larynx. — B L'ouverture supérieure du larynx. — E Les cordes vocales[1]. — C G Le pharynx. — A K Le palais. — G L Les cavités nasales.

1. Il y a deux cordes vocales placées en travers de l'ouverture supérieure du larynx, et que l'air met en vibration à sa sortie des poumons.

LECTURE ET PRONONCIATION.

« On n'exerce pas assez la raison
des enfants; on les accoutume trop à
croire sur parole. » ROLLIN.

PREMIÈRE LEÇON.

Les signes ou lettres dont l'homme se sert pour former les mots qui expriment ses pensées, se divisent en deux grandes classes :

Les VOYELLES, au nombre de *douze*, et les CONSONNES ou ARTICULATIONS, au nombre de *dix-neuf*. Les voyelles se divisent en trois classes : cinq *palatales*, ou voyelles résonnant au palais; cinq *gutturales*, ou sons résonnant dans la gorge, et deux *pharyngiennes* ou sons formés derrière le palais.

PREMIÈRE VOYELLE DU PALAIS :

A. a[1].

Ouvrez bien la bouche, faites résonner le son au fond du palais. Le ton ainsi produit sera plein et sonore.

Les CONSONNES se divisent en cinq classes, d'après les organes de la voix qui contribuent le plus à leur formation.— Elles se divisent aussi en *douces* et en *fortes*. La douce se forme par un mouvement léger de l'organe indiqué; la forte, par le même mouvement, mais plus fort, mieux marqué et plus appuyé.

[1] Pour toutes les lettres, l'élève devra regarder le jeu de la bouche du maître, lire d'abord après lui lentement, puis seul. En prononçant chaque voyelle, il aura soin en outre de tenir les organes de la voix dans la même position, jusqu'à ce que le son qu'il émet soit entièrement terminé.

Toutes les voyelles et les consonnes se représentent par deux lettres : l'une grande, appelée *majuscule*; l'autre, plus petite, appelée *minuscule*.

DEUXIÈME LEÇON.

CONSONNES. 1re CLASSE.

LABIALES OU CONSONNES FORMÉES PAR L'ACTION DES LÈVRES.

Il y en a cinq, qui sont :

DOUCES	FORTES.
B.b[1].	**P.p.**
Prononcez : BE [2].	Prononcez : PE.
Avancez un peu les lèvres, faites-les légèrement se toucher; puis ouvrez-les.	Même mouvement, mais plus fort.
V.v.	**F.f.**
La lèvre inférieure glisse sous les dents et la mâchoire supérieure.	Même mouvement, mais beaucoup plus sec.

M.m[3].

Les lèvres s'unissent fortement dans toute leur étendue et s'ouvrent ensuite soudainement[4].

1. *Le Maître.* Regardez le mouvement de mes lèvres : je les fais légèrement se toucher au milieu et je forme la consonne B. Faites comme moi. Encore. Ah! très-bien. Ce que nous venons de faire se représente par la lettre B. Remarquez bien la forme de la majuscule : elle se compose de deux petits ronds qui se touchent et vont s'appuyer sur un bâton. La minuscule n'a qu'un rond.

On procédera d'une manière analogue pour toutes les autres lettres.

2. Les consonnes n'ayant pas de son par elles-mêmes se prononcent à l'aide de la voyelle E.

3. M, de même que toutes les autres liquides, n'a pas de lettre correspondante.

4. *Le Maître.* Montrez F. Qu'est-ce que c'est? — Une labiale. — Pourquoi? — Parce qu'elle est formée par le mouvement des lèvres. — Est-ce une douce ou une forte?.... Pourquoi?.... Que faut-il faire pour la bien prononcer....? Quelle en est la forme?

Même exercice pour toutes les lettres.

LABIALES AVEC LA VOYELLE A.a[1].

Lisez horizontalement, puis verticalement :

ba	**pa**	**va**	**fa**	**ma**
pa	**ba**	**fa**	**va**	**ma**
ab	**ba**	**ap**	**pa**	**ap**

TROISIÈME LEÇON.
CONSONNES. — 2ᵉ CLASSE.

DENTALES OU CONSONNES FORMÉES PAR L'ACTION DES DENTS.

Il y en a deux, qui sont :

DOUCE.	FORTE.
Z.z.	**S.s.**
Serrez fortement les mâchoires. — Que la pointe de la langue touche les dents inférieures. — L'air en sortant avec vitesse produira une espèce de sifflement qui se fera entendre dans les dents.	Même action, mais beaucoup plus marquée. Le sifflement beaucoup plus prononcé.

2ᵉ VOYELLE DU PALAIS :

É.é[2].

Ouvrez la bouche à moitié et donnez un son court et sec, résonnant au palais un peu plus vers l'entrée de la bouche que l'A.

1. *Le Maître.* Fermez votre livre. Épelez BA. — *L'élève.* B A...BA. — VA. — V A...VA. — Lisez sans épeler : BA, PA, VA, etc.
Même exercice pour les leçons suivantes.
2. Remarquez bien le petit signe tourné de droite à gauche qui surmonte cette lettre (′ accent aigu); car vous retrouverez la même lettre sans signe ou avec un autre accent, et alors elle aura un autre son.

DENTALES AVEC LES VOYELLES **A.a, É.é.**

za   sa   zé   sé   sa

sé   za   sa   zé   sé

az   as   za   az   zé

QUATRIÈME LEÇON.

CONSONNES. — 3ᵉ CLASSE.

LINGUALES OU CONSONNES FORMÉES PAR L'ACTION DE LA LANGUE.

DOUCE.	FORTE.
D.d.	**T.t.**
La langue s'appuie sur la racine des dents de la mâchoire supérieure, puis s'abaisse et le son se forme à son extrémité.	Le mouvement s'exécute de la même manière, mais plus énergiquement.

AUTRES LINGUALES APPELÉES AUSSI LIQUIDES À CAUSE DE LA FACILITÉ AVEC LAQUELLE ELLES S'UNISSENT AUX AUTRES LETTRES.

L.l.	**N.n.**	**R.r.**
La langue s'allonge et frôle le palais puis s'abaisse.	La langue se présente à l'entrée de la bouche entre les dents, puis se retire et le son résonne à la racine du nez.	La langue se replie et roule fortement à son extrémité.

3ᵉ VOYELLE DU PALAIS :

I.i.

Serrez les dents et reculez les deux coins de la bouche vers les oreilles. — Le son se fait entendre au centre du palais.

Linguales avec les voyelles **A.a, É.é, I.i.**

da	ad	té	li	il
na	ré	ti	dě	ri
ir	la	al	né	lé
ra	ar	ni	ta	di

CINQUIÈME LEÇON.

CONSONNES. — 4ᵉ CLASSE.

PALATALES OU CONSONNES FORMÉES PAR L'ACTION DU PALAIS.

DOUCE.	FORTE.
J.j.	**CH.ch.**
La langue s'aplatit à son extrémité, les lèvres s'avancent et le son va vibrer au palais.	Même jeu, plus vif et plus prolongé, les lèvres s'allongent un peu plus.

FORTES.

C.c. K.k. Qu.qu[2].

Le son, plus sec et plus court, s'entend au fond du palais.

1. Bien que représentée par deux lettres, cette articulation est simple.
2. Ces trois lettres sont une répétition l'une de l'autre et forment donc la même articulation. **u** se place toujours après **q**, excepté à la fin des mots, et ne se prononce pas.

4ᵉ VOYELLE DU PALAIS :

O.o.

Avancez et arrondissez les lèvres, le son s'entend au-dessus des dents de la machoire supérieure.

PALATALES AVEC LES VOYELLES **A.a, É.é, I.i, O.o.**

j o	ch é	c a	k i	q$_u$a
ch o	j a	q$_u$é	c o	k a
q$_u$i	k é	ch a	j o	c a

SIXIÈME LEÇON.

CONSONNES. — 5ᵉ CLASSE.

GUTTURALES OU CONSONNES FORMÉES PAR L'ACTION DU GOSIER.

FORTES.

# H.h.	# G.g.
La mâchoire inférieure se retire en arrière. On aspire fortement, le gosier se resserre et retient le son.	La langue se recourbe et la pointe s'appuie sur les dents de la mâchoire inférieure. Le gosier se met en mouvement et forme la consonne.

5ᵉ VOYELLE DU PALAIS :

U.u.

Les lèvres s'appuient l'une sur l'autre et ne laissent qu'un étroit passage à l'air au centre de la bouche. — Le son vibre uniquement sur les lèvres.

GUTTURALES AVEC LES VOYELLES **A, É, I, O, U.**

ga	go	gu	ha	hé
hi	ho	hu	go	ha
gu	hi	ga	hé	go

Récapitulation des consonnes avec les voyelles **a, é, i, o, u** [1].

ba	hu	po	ga	vi	qué
fu	ka	mo	cu	zé	cha
su	jo	da	ré	ti	na
li	bé	pu	va	fo	mu
za	so	dé	to	lu	ni
ra	ju	ché	ca	ké	qui
go	ho	pi	bi	fa	vé
mi	si	zi	tu	do	ru
né	lo	chi	ja	quo	ki
co	hé	gu	qua	hi	cho

1. Si l'élève avait oublié quelques-unes de ces lettres, au lieu de lui
en dire le nom, il serait bon de la rappeler à sa mémoire en lui indiquant
l'organe qui sert à la former.

ko ju ro no lé ta
di sé zo ma fé vo
pé bo té du la mu
nu ri bu pa vu fi
mé zu sa jo chu ha

MOTS FORMÉS AVEC LES VOYELLES ET LES CONSONNES PRÉCÉDENTES.

Pa-pa, ca-fé, fi-chu, ga-la, ju-ré, so-da, lo-to, é-cu, ki-lo, mi-di, zé-ro, so-fa, a-mi, vé-cu, ché-ri, pa-vé, po-li, do-du, cu-ré, Ca-na, co-co, pa-cha, vo-lé, du-o, pé-ché, bo-a, pu-ni, hu-ché, jo-li, Cu-ba, sa-lé, ké-pi, Li-ma, do-ré, é-pi, fi-ni, é-té, sa-li, mo-ka, do-ré, ca-ca-o, do-mi-no, ca-na-pé, chu-cho-té, ca-ra-co, bi-ri-bi, nu-mé-ro, vé-ri-té, qua-li-té, fi-ga-ro,

pi-lo-ri, cha-ri-té, ca-na-ri,
Ca-na-da, la-va-bo, pa-na-ché,
u-ni-té, a-hu-ri, lo-ca-li-té,
sé-cu-ri-té, ti-mi-di-té, a-li-né-a,
cha-ri-va-ri, ba-na-li-té, di-vi-
ni-té, ma-ca-ro-ni, ra-pi-di-té,
pa-no-ra-ma, u-ti-li-té, ma-tu-
ri-té, co-a-gu-lé, é-va-po-ré.[1]

SEPTIÈME LEÇON.

SONS ARTICULÉS INSÉPARABLES.

ab abs ib ob obs ub ap ip
op up af if of uf az oz
as is os us ad id ud at
it ut al il ol ul ar ir
or ur ac ic oc uc ag ig

HUITIÈME LEÇON.

SONS ARTICULÉS INSÉPARABLES PRÉCÉDÉS D'UNE CONSONNE.

bas bis bos bus bal bil bol
bul bar bir bor bur bac pif

1. Livre fermé. *Le Maître.* Combien y a-t-il de syllabes ou sons dans
domino? Épelez. — Même exercice pour tous les autres mots.

pas pus pal pol pul par pir
por pur pac vif vas val vil
vol vul var vir vor vac fas
fal fil fol far fir for fur
fac mas mal mil mol mul mar
mir mor mur mac zil zar zor
zur sub sif sus sal sil sol
sul sar sir sor sur sac dif
dis dar dir dor dur dic doc
tif tal til tar tir tor tur
tac tic lar lir lor lac nal
nul nar nir nor noc rup rif
ris ral ril rir jas jus jar
chas chis chut chal char chir
cap cas cos cal col cor cul
car gas gat gar gor gus gur.

MOTS FORMÉS D'UNE CONSONNE SIMPLE ET D'UN SON ARTICULÉ.

Lac, char, quar*t*[1], dar*d*,
m or*t*, nor*d*, Nil, pur, sor*t*,

1. La plupart des consonnes finales ne se prononcent pas. Les lettres muettes sont indiquées par des italiques.

dur, tort, sud, sac, ha-mac,
tic-tac, pé-tard, dor-mir, lo-
cal, lé-zard, char-nu, al-to,
A-zof, a-zur, fa-nal, pas-cal,
sol-dat, cor-nu, sa-bord, ar-
gus, ba-vard, fu-tur, par-ti,
ca-nif, obs-cur, ha-gard, mus-
cat, mar-di, cha-cal, bar-bu,
cal-cul, mar-mot, cor-nac,
dé-part, Vic-tor, o-bus, sub-
til, ca-nard, ri-chard, tur-bot,
ca-nal, Ja-cob, ca-duc, Vol-ga,
lo-tus, é-gard, zig-zag, al-
ca-li, a-mi-cal, ab-so-lu, Ro-
che-fort, car-di-nal, doc-to-
ral, a-mi-ral, Ro-mu-lus,
oc-ta-vo, al-bi-nos, ma-ré-
chal, sal-si-fis, mé-ri-nos, ar-
se-nal, car-na-val, pa-ra-sol,
abs-te-nir, a-char-né, fa-cul-té,

i-n ac-t if, ar-s e-n ic, ab-s ur-di-t é, mor-ta-li-té, ré-bar-ba-t if, Ga-ri-bal-di.

NEUVIÈME LEÇON.

DIPHTHÓNGUES-CONSONNES OU ARTICULATIONS INSÉPARABLES.

bl   br   pl   pr   ps   vr   fl   fr
st   str   sr   sc   scr   sp   spl   dr
tr   cl   cr   gl   gr   x   (x = ks ou gs[1])

ARTICULATIONS COMPOSÉES JOINTES AUX VOYELLÈS **a, é, i, o, u.**

bla bra pla pra psa vra fla fra

sta stra sra sca scra spa spla dra

tra cla cra gla grá x a blé bré

plé pré psé vré flé fré sté stré

sré scré spé splé dré tré clé cré

glé gré xé bli bri pli pri psi

vri fli fri sti stri spi spli dri

1. Ces consonnes, bien que se prononçant d'une seule émission de voix, forment deux articulations distinctes qui doivent s'entendre sans confusion.

tr i cl i cr i gl i gr i x i bl o br o
pl o pro pso vro flo fro sto str o
sco scro spo splo dro tro clo cro
glo gro xo blu bru plu pru psu
vru flu fru stu stru scu scru spu
splu dru tru clu cru glu gru xu.

MOTS FORMÉS AVEC LES SONS ET ARTICULATIONS QUI PRÉCÈDENT.

cr i, gl a*s*, fl u*x*, tr o*t*, gl u, pl a*t*,
fl o*t*, fr u-g al, dra*p*, gro*s*, bru,
fr a-c a*s*, st a-t u*t*, cl i-m a*t*, é-cl a*t*,
cr o-ch u, gr a-b a*t*, fl é-tr i, gr a-v é,
br o-c ar*d*, pr é-l a*t*, cr a-ch a*t*, tri-
b u*t*, tr é-p a*s*, p é-tr i, sp i-r al, tr a-
c a*s*, pl a-c ar*d*, cr a-q *u*é, s a-br é,
br a-v o, bl o-c us, gr a-v ir, a-br i,
br u-n ir, a-pl a-t ir, n u-tr i-t if,
bro-c o-l i, d é-cl a-m é, Tr i-p o-l i,
pro-d uc-t if, pra-t i-q *u*é, tr i-n i-t é,
a-br u-t i, pr é-p a-r a-t if, pro-x i-
m i-t é, st u-p i-d i-t é.

DIXIÈME LEÇON.

DIPHTHONGUES-CONSONNES UNIES AUX SONS ARTICULÉS.

bl as	bl ir	br oc	pl as	pl ir	pr is
pr os	ps al	fr ac	st ar	str as	sc al
sc ul	sc or	sp as	tr is	tr al	cl ic
cr is	cr al	cr ac	gr al	gr ir	x as
x is	x al	x il	x ul	x ir	x or

MOTS FORMÉS AVEC LES DIPHTHONGUES-CONSONNES
ET LES SONS ARTICULÉS.

cr is-t al [1], cl ic-cl ac, s ar-cl é, bl a-f ar*d*, sc ul*p*-t é, pr os-cr i*t*, sc or-b u*t*, cr is-p é, d é-cl a-ré, é-t a-bl ir, s é-p ul-cr al, fr ac-t u-ré, é-l i-x ir, tr ic-tr ac, m is-tr al, fa-br i-q*u* é, fr u-g a-l i-t é, ca-d as-tr al, st é-r i-l i-t é, pr os-p é-r i-t é, tr is-te s or*t*.

1. Tous les sons et les articulations d'un mot devront être énoncés d'une manière claire et distincte. Le maître devra corriger toute prononciation vicieuse, en indiquant ce qu'il y a de défectueux dans le jeu de l'organe.

ONZIÈME LEÇON.

SONS MODULÉS DANS LE LARYNX ET LE PHARYNX.

Ces voyelles produisent chacune une intonation différente et forment une espèce de gamme naturelle composée d'une sixte majeure, qu'on peut représenter comme il suit :

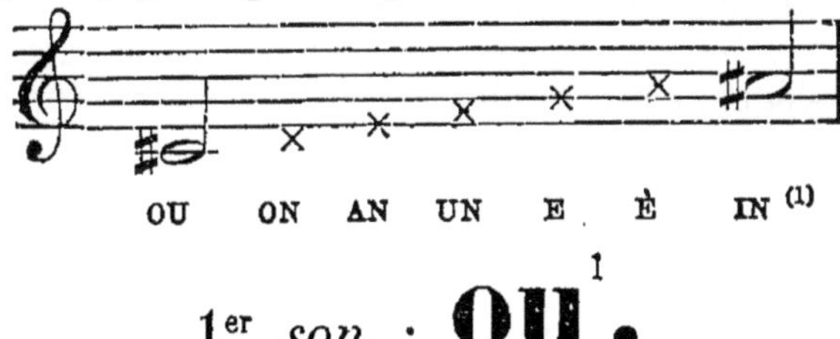

1er *son* : OU[1].

Les lèvres s'arrondissent et s'allongent, le larynx s'abaisse, et le son vibre dans la plus basse région de la gorge. Le son produit sera le plus lourd et le plus bas que la voix puisse donner sans chanter.

2e *son* : ON[2].

Les lèvres gardent la même position que pour **ou**, mais le menton s'abaisse, et par suite le larynx se relève légèrement, et le son se fait entendre dans la gorge, un peu plus haut que **ou**.

3e *son* : an.

La bouche s'ouvre à moitié, et le son résonne au centre de la gorge.

4e *son* : un.

Les lèvres se séparent légèrement, et la voyelle se forme presque au haut du larynx.

---

1. Remarquez que ces voyelles, bien que pour la plupart représentées par deux lettres, ne forment qu'un son unique.
2. L'*n* n'a plus ici aucun pouvoir comme articulation.

5e *son* : **e.**

Les lèvres s'entr'ouvrent, et le son s'entend au haut du larynx.

6e *son* : **è** ou **ê**.[1]

Le larynx s'élève fortement, la bouche s'ouvre; les deux coins des lèvres se retirent légèrement vers les oreilles, afin que le son aille vibrer derrière le palais. Le son ainsi produit sera très-léger, court et aigu.

7e *son* : **in.**[2]

Même mouvement que pour **è**, mais la bouche plus ouverte. Le larynx s'élève complètement. Le son doit être excessivement léger, bien marqué, et le ton aussi élevé que possible.

DOUZIÈME LEÇON.

SONS DU LARYNX ET DU PHARYNX UNIS AUX ARTICULATIONS SIMPLES.

ou s'unit avec les consonnes **r** et **s**, pour former un son inséparable : **our, ous**. — **an** et **in** s'unissent avec **s** : **ans, ins**.

bou bour bous bon ban bun be bè

bin pou pour pon pan pun pe pè pin

vou von van ve vè vin fou four fon

1. Remarquez les accents placés sur cette lettre. Le premier, tourné de gauche à droite (` accent grave), et l'autre composé de l'accent aigu et du grave (^ accent circonflexe.) Placés sur *e*, ils produisent le même effet. — *è* et *ê* se prononcent de la même manière. L'accent grave se place aussi sur *a* et *u*, mais n'en change pas le son; ce n'est alors qu'un signe orthographique. — EXEMPLE : *Où* allez-vous? *à* Paris.

2. Voir la remarque de la page précédente.

zè zin sou sour sous son san sans se sè
sin dou dour don dan dun de dè din
tou tour ton tan tun te tè tin lou lour
fan fun fe fè fin mou mour mon man
mun me mè min zou zon zan zun ze zè
zin lon lan lun le lè lin nou non nan
nun ne nè nin rou ron ran run re rè
rin jou jour jon jan jun je jè jin chou
chon chan che chè chin cou cour con can
cun *que* *quê* *qu*in gou gour gon gan
gue[1] *guè* *gu*in hou hon han hun hè

MOTS FORMÉS AVEC LES SONS PRÉCÉDENTS.

bou*t*, pon*t*, pin, van, four, jon*c*, lou*p*,
s an*g*, chou, ton, vin, gon*d*, ban*c*, fin,
sour*d*, nan-kin, bou-chon, ga-lan*t*, jou-jou,
ma-lin, ba-ron, tri-bun, a-mour, ban-di*t*,
pon-ton, ma-man, pla-fon*d*, jar-din,
cou-cou, cha-cun, ma-rin, ga-lon, gou-jon,
can-can, pe-san*t*, pan-tin, de-bou*t*, don-
jon, dan-din, bon-jour, tê-tu, bon-té,
man-chon, ma-tin, pour-tour, re-pa*s*,
a-lun, bou-lon, san-té, con-tour, chan-son,

---

1. *u* après *g* comme après *q* ne se prononce pas, mais indique seulement que le *g* conserve le son qui lui est propre devant *e, i*.

Lou-d un, a-bon-dan*t*, po-ti-r on, fé-mi-nin, é-cla-tan*t*, re-d ou-t é, a-q*u*i-lin, fu-ri-b on*d*, a-ca-jou, con-so-l an*t*, va-ga-bon*d*, ché-ru-bin ve-lou-té, con-sul-tan*t*, sa-pa-jou, pan-ta-lon, ou-ra-gan, par-che-min, é-dre-don, ca-out-ch ou*c*, a-ban-don, con-q*u*é-ran*t*, ma-ro-q*u*in, *ha*-bi-tan*t*, a-vi-ron, fa-bri-can*t*, ins-ti-tu*t*, ins-pi-ré, fé-con-di-té, an-ti-q*u*i-té, in-té-gri-té, sin-gu-la-ri-té, in-tré-pi-di-té.

TREIZIÈME LEÇON.

Les mêmes précédés d'une diphthongue-consonne.

blou blon blan ble blè blin brou bron bran brun bre brè brin plou plon plan ple plè plin prou pron pran prun pre prê prin vron vran vre flou flon flan fle fron fran fre frê frin stan scan dron dran dre trou tron tran tre trè trin clou clan cle clin crou cron cran cre crin glou glon glan grou gron gran gre grè grin xan xe.

Mots contenant les sons précédents.

Sa-xon, blan-chir, glou-ton, crou-pir, bron-zé, lu-trin, brou-tan*t*, gre-din,

dis-cour*s*, gou-dr on, dé-tour, blon-din,
four-gon, é-crou, cons–crit, con-cour*s*,
pa-tron, sur-tou*t*, our-son, fla–gran*t*,
glou-glou, jour-nal, plan-té, fran-chir,
san-glan*t*, hou-blon, ca-dran, bran-chu,
pol-tron, trou-ba-dour, a-gran-dir, in-cons-
t an*t*, é-mi-gran*t*, trans-plan-té, é-prou-vé,
spon-ta-né-i-té.

QUATORZIÈME LEÇON.

Toute consonne (excepté **z**) suivant immédiatement un **e**
muet dans la même syllabe, tient la place de l'accent grave
ou de l'accent circonflexe et en fait un **è** ouvert ou semi-
ouvert, que la consonne se prononce ou non.

Examples : **eb ep ef es ed et el er ec
eg ex**[1] (**ex = eg-z** ou **ek s**).

MOTS :

Cle*f*, grec, bec, Al-fred, ver-tu, res-pec*t*,
e-xil, es-pri*t*, in-dex, les[2] bro-che*ts*, ex-clu,
é-chec, pré-fe*t*, mor-tel, cro-che*t*, tra–ver*s*,
ser-vi, Ca–leb, Ed-mon*d*, na–ve*t*, es-to–mac,
co-lo–nel, u-ni–ver*s*, pis-to–le*t*, é-ter–ni–té,
mes car–ton*s*, e-xal-té[3].

---

1. Remarquez que l'*e* qui précède l'*x* est toujours ouvert et ne prend
pas d'accent. Il est en effet uni à *g* ou *k*, *x* étant une lettre double.
2. Dans les monosyllabes, *es* se prononce *è* et l'*s* est muette. — les,
des, ses, tes, mes.
3. Dans tous les mots qui commencent par *ress*, la particule *re* conserve
la prononciation qui lui est propre et l'*e* n'est pas ouvert : re*ss*ort,
re*ss*ouvenir, re*ss*emblé, etc. — *s* n'ouvre pas l'*e* dans de*ss*us, de*ss*ou*s*.

e final après une consonne ne se prononce pas, mais l'articulation qui précède doit être clairement énoncée. Précédé d'une voyelle, il ne s'entend jamais.

Exemples : cra b*e*, fa b*le*, ter-ras *se*[1], ga-na ch*e*, mi-ra cl*e*, c al m*e*, po*m*-ma d*e*, a-gra f*e*, A-ra-bi*e*, ba*l* lc, val *se*, gra*m* m*e*, ar-bus t*e*, di-man ch*e*, cas q*ue*, tor-tu*e*, co-mé-di*e*, g*ui*r-lan d*e*, rus tr*e*, bour *se*, A-le-xan dr*e*, ré-gli*s se*, or g*ue*, du p*e*, ca-ba n*e*, Bi bl*e*, sto r*e*, ma-la-di*e*, for-tu n*e*, Me*s* si*e*, é-vê q*ue*, chas t*e*, li br*e*, ban q*ue*, pa-tri*e*, co-hu*e*, es[2]-qui*s se*, bo*n* n*e*, fo-li*e*, chan tr*e*, obs-ta cl*e*, a-bî[3] m*e*, es-cor t*e*, gru*e*, pa p*e*, ri-che*s se*, glo b*e*, fe-nê tr*e*, fa-ti g*ue*, sta-tu*e*, pes t*e*, rè gl*e*, mon d*e*, bar b*e*, gri v*e*, trô n*e*, pan-tou fl*e*, ar br*e*, se*l* l*e*, pro-di g*ue*, in-gra-ti-tu d*e*, co-car d*e*, zè l*e*, ti-gre*s se*, couro*n* n*e*, mus cl*e*, na-vi r*e*, Char l*es*, on gl*e*, in-sul t*e*, bar-ba r*e*, se x*e*, mar-mi t*e*, four-che*t* t*e*, gri*p* p*e*, bar-ba-ri*e*, bro-chu r*e*, va-car m*e*, cas-q*uet* t*e*, tor ch*e*, ves-ti-bu l*e*, har p*e*, sa-cris-ti*e*, mon tr*e*.

---

1 Quand une consonne est redoublée dans un mot, la première est généralement muette.

2. N'oubliez pas que e se prononce è, suivi d'une consonne dans la même syllabe.

3. L'accent circonflexe se place aussi sur les voyelles a, i, o, u (â, î, ô, û), pour indiquer la suppression d'une lettre qui se trouvait dans l'ancienne orthographe; généralement aussi l'accent circonflexe prolonge le son.

QUINZIÈME LEÇON.

Le son *é* a cinq épellations différentes :

1re	**é,**	comme dans le mot	**été**
2^e	**œ**	—	**Œdipe**
3^e	**er** final	—	**boucher**
4^e	**ée**	—	**armée**
5^e	**ez**	—	**nez** [1]

EXEMPLES. — La be*ll*e matinée — Parlez ba*s* — Ne fra*pp*ez pa*s* de l'épée [2] — Bouchez le flacon — La chicorée du jardin — Le plancher e*st* brûlé — L'archer a tiré — Pratiquez la vertu — Dansez la polka — Mon vénéré père — La journée est terminée — Se coucher tô*t*, se lever [3] matin e*st* bon pour la santé — L'œnomèt*r*e indique la q*u*alité du vin — Tu joue*s* avec ta poupée — La frugalité procu*r*e un*e* santé robust*e* — L'hiver [4] sera rud*e* — L'enfer pour les méchan*ts* — Lai*s*sez pa*s*ser le cocher — Venez dîner chez nou*s*.

---

1. *ée*, *ez* se prononcent comme *é*, mais un peu plus fermés.
2. Remarquez le petit signe placé au haut de l'*l* ('), appelé *apostrophe*, et tenant tantôt la place d'un *e* et tantôt celle d'un *a*.
3. Le maître indiquera la suppression de l'*e* dans le corps du mot.
4. L'*r* se prononce dans les monosyllabes : mer, fer, cher, et dans enfer, hiver, cancer, Jupiter, cuiller.

SEIZIÈME LEÇON.

Le son **i** se représente aussi par **y** (après une consonne), comme dans le mot **tyran**, etc.

EXEMPLES. — Le tyran es*t* détesté — Le myrt*e* es*t* toujour*s* ver*t* — La dynasti*e* des Bourbon*s* — Le martyr de la liberté — Le style*t* du brigan*d* — Il a joué de la lyr*e* — Le mystèr*e* de la vi*e* — La symétri*e* du cor*ps* — La dans*e* du satyr*e* — Les solda*ts* son*t* dan*s* le polygon*e* — Le systèm*e* métri*que* — L'Egypt*e* es*t* fertil*e* — La grand*e* vi*ll*e de Babylon*e* a disparu.

DIX-SEPTIÈME LEÇON.

Le son **o** a trois formes :

1re	{	**o** court, comme dans	**économie**	
	{	**ô** long	—	**côté**
2e		**au** long	—	**aumône**
3e		**eau** long	—	**corbeau**

EXEMPLES. — Le troupeau du pasteur — Un gran*d* nigau*d* — Met*s* ton beau chapeau — Cares*s*ez ce peti*t* chevreau — La locomotiv*e* a si*f*flé — Le drôl*e* de Polichinel — Ne sautez pa*s* si hau*t* — Cette a*ll*ée de

bouleau*x* mèn*e* au château — Secourez les
pauvr*es* — Le corbeau croa*sse* — Montez sur
le baude*t* — Les taureau*x* du hameau — Les
chevau*x* fringan*ts* — Évitez les qui-pro-qu*o*
— Dan*s* le*s* clima*ts* chau*ds* on se ser*t* du
chameau pour porter les fardeau*x*.

DIX-HUITIÈME LEÇON.

Le son **on** s'épelle de trois manières :

    1re **on**, comme dans **bonbon**
    2e **om**   —   **nom**
    3e **omp**   —   **prompt**

EXEMPLES. — Ne trompon*s* perso*nn*e —
La bomb*e* a éclaté — Ne nou*s* moqu*on*s pa*s*
de ce bo*s*su — Ne comptons pa*s* sur la fortun*e*
— Le tombeau de Napoléon — Le comptoir
d'escompte — Le ba*ll*on es*t* crevé — N'écoutez
pa*s* les cont*es* de fée*s* — Le comt*e* a soupé
chez nou*s* — Les bon*s* compt*es* fon*t* les
bon*s*ᵤami*s* [1] — Le comba*t* acharné —
Nou*s*ᵤavon*s* dompté le tigr*e* — Son mouton
bêl*e* — La colomb*e* de l'arch*e* — Consolon*s*
no*s*ᵤami*s* — Va chercher de l'eau à la pomp*e*.

1. Les mots liés par le sens grammatical s'unissent entre eux ; c'est-
à-dire que la consonne finale se joint à la voyelle suivante. *s* se
change en *z*.

DIX-NEUVIÈME LEÇON.

Le son **an** s'écrit de quatre manières différentes :

1re **an,** comme dans **cancan**
2e **am** — **champ**
3e **en** — **rente**
4e **em** — **membre**

EXEMPLES. — L'enfan*t* chéri*t* ses paren*ts* — Il a un*e* cramp*e* à la jamb*e* — La foul*e* encombr*e* les port*es* du temple — Entendez-vou*s* le chan*t* de la fauve*tt*e ? — Emportez le flambeau — Allon*s* ₂ ensembl*e* chez ma tant*e* — Le gard*e* champêtr*e* — Le serpen*t* ramp*e* — Embra*ss*ez votre maman — La cha*ss*e ouvr*e* en septembr*e* — Les ₂ *h*irondel*l*es s'en vont en novembr*e* — Les solda*ts* son*t* dan*s* le cam*p* — Ne dépensez pa*s* l'argen*t* inutilemen*t*.

VINGTIÈME LEÇON.

Le son **un** a deux formes :

1re **un,** comme dans **lundi**
2e **um** — **parfum**

EXEMPLES. — Le mug*u*et ex*h*ale un doux parfum — Quan*d* tu sera*s* savan*t* tu restera*s* *h*umbl*e* et modest*e* — Autun est un*e* ancie*nn*e vi*ll*e — Chacun parlera à son tou*r* — Ne sortez pa*s*_z à jeun.

VINGT ET UNIÈME LEÇON.

Le son **e** a cinq formes :

1re **e**, comme dans **redevable**

2e **eu** — **cheveu**

3e **œu** — **œuf**

4e **eux** ou **euse** [1] { se prononce comme *e*, mais plus fermé — les lèvres se resserrent : } **feux**

5e **eur** { La bouche s'ouvre un peu plus que pour *e*, afin de pouvoir énoncer clairement l'articulation *r* : } **fleur**

EXEMPLES. — Secouron*s* les_z aveugle*s* — Le bœuf labour*e* la te*rr*e — Plutô*t* perdre la vi*e* qu*e* de perdre l'*h*o*nn*eur — La poul*e* a pondu un gro*s*_z œuf — Mettez vo*s* gan*ts* de chevreau — L'écrevi*ss*e march*e* à reculon*s* — Le*s*_z œuvre*s* du Créateur sont admirabl*es* — Regard*e* les joli*s*_z yeux bleu*s* de ma sœur — Je coup*e* le nœu*d* de la cord*e* — Attelez les bœu*fs* à la charrue — Purifi*e* ton cœur — La matinée pluvieus*e* — La rout*e* es*t* poudreuse — Les œu*fs* dur*s* son*t* lour*ds* — Le sapin es*t* résineux — Livrez-vou*s*_z à l'étud*e* et au*x* jeux avec ardeur[2].

---

1. *s* entre deux voyelles se prononce *z*.
2. Cependant *eu* se prononce *u* dans : j'*eus*, tu *eus*, il *eut*, etc.

VINGT-DEUXIÈME LEÇON.

Le son **è** s'écrit de trois manières :

1re forme **è** ou **ê**[1], comme dans **père, bête**; ou e ouvert par la consonne qui le suit dans la même syllabe : **terre**.

2e forme. **aî** ou **aî**, comme dans **maison, maître**.

3e forme. **eî**, comme dans **neige, seigle**.

EXEMPLES. — Adèle est en retard, elle court à perdre haleine pour ne pas faire de peine à sa bonne mère qui l'attend — Les ailes de l'aigle sont grandes et fortes, et avec ses serres cruelles il ravit les brebis errantes dans la plaine et les porte dans son aire à ses aiglons, pour leur servir de pâture — Le sang est porté au cœur par les veines — La baleine est très grosse, elle est la reine de l'Océan — Le hêtre et le chêne sont l'ornement des forêts — Le maître parlait, l'élève obéissait — Toute peine mérite salaire — La mule est têtue — Celui qui est traître à sa patrie mérite d'être chargé de chaînes et conduit aux galères — On coupe le seigle avant le blé.

---

1. ê circonflexe s'appelle è long, parce qu'il a toujours le son très-aigu et très-ouvert. è accent grave s'appelle è bref, parce qu'il est tantôt très-ouvert et tantôt semi-ouvert. Il y a donc deux sortes d'è : l'è très-ouvert et l'è semi-ouvert à différents degrés.

VINGT-TROISIÈME LEÇON.

Le son **in** se représente sous les cinq formes suivantes :

1er **in** ou **yn**, comme dans **vin, syntaxe**
2e **im** ou **ym** — **timbre, tympan**
3e **ain** — **pain**
4e **aim** — **faim**
5e **ein** — **peintre**

ÉXEMPLES. Le bambin a du chagrin — Mon cousin a donné son pain au petit peintre qui avait grand faim — Le timbre est sonore — Le lapin broute le thym. — Il n'est pas sain de se promener au serein — L'essaim a quitté la ruche — Je respecte mon parrain — L'impoli et l'impertinent sont méprisables — Tomber en syncope, c'est s'évanouir — Antonin a bu dans sa timbale d'étain — Le plumet d'Arlequin est une queue de lapin — Le sein de la mer est plein de richesses. — L'imprimerie a été inventée vers 1440 — J'ai de la sympathie pour tout être souffrant — Une grande quantité de daims errent dans la forêt de Fontainebleau [1].

---

1. *en* final, précédé de *é*, se prononce *in* : Européen, Galiléen, Vendéen. *en* a aussi le son de *in* dans : benjoin, Benjamin, examen, agenda. pensum, Mentor.

VINGT-QUATRIÈME LEÇON.

DIPHTHONGUES.

La diphthongue est une syllabe composée de deux sons distincts prononcés d'une seule émission de voix.

DIPHTHONGUES FORMÉES SUR LES VOYELLES DU PALAIS **a**, **é**, **i**, **o** [1].

ia : fiacre, diacre. — **oi** = (**oa**) [2] : loi, croi*x*, roi, noi*x*.
ua : suavité, ruade, il mua. — **oua** : ouate, bivouac.
ié, **ier** : moitié, pitié, amitié ; collier, poirier, ployer.
ué, **uer** : dénué, Josué ; saluer, instituer.
oué, **ouer** : avoué, loué ; secouer, nouer, jouer.
ui : nui*t*, étui, brui*t*. — **oui** : évanoui, enfouir, épanouir.
io, **iau** : idio*t*, pioche, viole*tt*e ; bestiau*x*, miauler.

EXEMPLES. — Mon piano est en boi*s* de noyer [3] — Le diaman*t* ne terni*t* pa*s* — Mademoise*ll*e, fermez la croisée et prenez garde à vo*s* doi*g*ts — L'aumôn*e* es*t* louable et méritoir*e* — L'oiseau qu*e* le cha*t* tua avait un*e* voi*x* trè*s* suav*e* — La foi san*s* les

1. La plupart de nos diphthongues sont très-délicates de leur nature et exigent une grande souplesse d'organes pour que leur émission soit parfaite, il importe donc aux commençants, avant de prononcer la diphthongue, d'énoncer clairement les deux sons qui la composent lentement d'abord, puis de plus en plus vite. — EXEMPLE : *i-a, i-a, i-a, i-a,* — *ia.*
2. *o* et *i* exigent deux mouvements contraires et opposés de la part des organes de la parole ; il est impossible de prononcer ces deux lettres d'une seule émission de voix. La diphthongue *oi* se prononce donc *oa.*
3. L'*y* après une virgule remplaçant deux *i,* prononcez : noi-ier, ploi-ier, appui-ier.

œuvre*s* est une foi mort*e* — Continuez à avoir pitié des mal*h*eureux — Il est bon de jouer, mai*s* *z* il fau*t* surtout étudier — Le meunier a loué le grenier pour y me*t*tre du blé — Le poivr*e* fait éternuer — Louis XVI s'est enfui pendan*t* la nui*t* — Le poltron fui*t* au bru*it* du canon — Les axiom*es* son*t* des vérité*s* *z* incontestable*s* — La viole*tt*e cachée sou*s* le bui*ss*on embaum*e* l'air : c'es*t* l'emblêm*e* de la modesti*e*.

VINGT-CINQUIÈME LEÇON.

DIPHTHONGUES FORMÉES SUR LES VOYELLES DU LARYNX
ET DU PHARYNX : **on**, **an**, **e**, **è**, **in**.

ion : union, lion. — **uon** : remuon*s*, graduon*s*. — **ouon** : vouon*s*, nouon*s*.

ian, **ien** : mendian*t*; ingrédien*t*. — **uan** : suan*t*, insinuan*t*. — **ouan** : avouan*t*, jouan*t*.

ieu : milieu, vieux, soyeux, essieu, mieux, lieux.

ueur[1], **ueux** : lueur, sueur; impétueux, fructueux, vertueu*s*e, onctueux, respectueux, tumul*t*ueuse.

oueur — **oueuse** : loueur, joueuse, renoueur.

ié, **iai** : cafetièr*e*, auxiliair*e*, nièc*e*, niai*s*, vestiair*e*.

ié, semi-ouvert : miel, persien*n*e, hardie*ss*e, servie*tt*e.

oè : poèt*e*, poêl*e*, moë*ll*e, goële*tt*e.

uè, **uai** : Suèd*e*, sensuel; sanctuair*e*, a*n*nuaire.

---

1. Cette diphthongue se forme uniquement par le jeu des lèvres, et comme elle est d'une extrême délicatesse, l'élève devra y donner toute son attention.

ouè, ouai : moue*tt*e, foue*t*, ouest, je louai*s*, roue*ll*e.
ien[1] : maintien, doyen, Indien, Julien, vaurien.
oin : coin*g*, moindr*e*, poindr*e*, besoin, point*e*, adjoin*t*.
uin — **ouin** : juin, baragouin, bédouin, pingouin.

EXERCICE SUR TOUTES LES DIPHTHONGUES.

Le lion est le roi des forê*ts* — On doi*t* respecter l'opinion publiqu*e* — Fuyez le contact de*s* _z espions — Instituon*s*, disai*t* Montyon, de*s* pri*x* pour la vertu — Louons la propreté chez le*s* _z enfan*ts* — Dieu a promi*s* le royaum*e* éternel au*x* _z *h*omm*es* vertueux — Jésu*s* aim*e* le*s* _z enfan*ts* pieux — Bélisair*e* *e*u*t* le*s* _z yeux crevé*s* — La ruin*e* et le désespoir suiv*ent* les pa*s* du joueur — La lueur de l'éclair *e*ffrai*e* les chevau*x* — Le chat-huan*t* cherch*e* sa proi*e* pendan*t* la nuit — N'o*ff*ensez person*n*e, mêm*e* en rian*t* — Ne recourez jamai*s* _z au*x* mauvai*s* _z expédien*ts* — Les peupl*es* de l'Orien*t* sont *h*ospitalier*s* — Eustach*e* de Sain*t* Pie*rr*e, en se vouant à la mor*t*, a sauvé Calai*s* — Petit étourdi, tu as cassé l'a*ss*ie*tt*e et renversé la cafetière — Le

---

1. Prononcez *ll in*. Après avoir formé le liquide, ouvrez bien la bouche et gardez-la ouverte jusqu'à ce que le son *in* soit terminé.
Rappelez-vous que l'*n* n'a ici aucune valeur comme consonne.
Remarquez que *ien* ne se prononce ainsi qu'à la fin des mots et dans les verbes en *enir* : je viendrai, tu tiens.

duel n'es*t* qu'un meurtr*e* dég*u*isé — Boileau est un de nos premier*s* poèt*es* — Le lièv*r*e es*t* peureux — Soyez matinal co*mm*e l'a*ll*oue*tte* — Le ven*t* de l'ouest amèn*e* la plui*e* — L'a*b*bé de l'Épé*e* a fondé des z écol*es* pour les sour*ds*-mue*ts* — On fai*t* de l̃a po*mm*ad*e* avec la moë*ll*e de bœuf — Tou*t* vien*t* bien q*u*i vien*t* à poin*t* — Un bienfai*t* n'es*t* jamai*s* perdu — No*s* z armé*es* on*t* vaincu les Bédouin*s* — Le fermier pren*d* soin de ses bestiau*x* et leur do*n*ne de bon foin — Vou*s* deviendrez bientô*t* mal*h*eureux si vou*s* z abando*n*nez le sentier de la vertu — U*n* enfan*t* bien né doi*t* s'étudier à avoir un bon maintien — Les espiègl*es* do*n*ne*nt* du tintouin à leur*s* maît*r*es — Un bienfai*t* reproché es*t* un bienfai*t* perdu.

1re REMARQUE. — Quand les diphthongues *ia, ier, io, ion, ian, iè* sont précédées d'une diphthongue consonne (*bl, br, cl,* etc.), la voix est forcée de s'arrêter sur le son *i* avant de prononcer le reste de la syllabe, et ces terminaisons forment alors deux sons distincts. Pour éviter l'hiatus, on ajoute à la dernière partie de la terminaison un *i* imaginaire. Exemple : Il publia, il cria, sanglier, sucrier, trio, septentrion, oubliant, prière. — Prononcez : pu-bli-ia, cri-ia, san-gli-ier, etc.

2e REMARQUE. — Ne confondez pas *ienne* avec *ien*. Quand l'*n* est redoublée dans un mot, la première *n* ne s'entend pas et rend l'*e* qui précède ouvert; *ienne* forme donc la diphthongue *iè*. Exemple : Caspie*nn*e, tragédie*nn*e, vie*nn*e, persie*nn*e, chie*nn*e, bohémie*nn*e.

VINGT-SIXIÈME LEÇON.

L'*y* après une voyelle est une lettre double qui représente deux *i.*

Exemples : royaum*e*, rayur*e*, fuyar*d*, voye*ll*e,
Roi- iaume,   rai- iure,   fui- iard,   voi- ielle,
écuyer, frayeur, loyer, crayon, moyen.
écui- ier,   frai- ieur,   loi- ier,   crai- ion,   moi- ien.

Le chien en aboyan*t* fai*t* fuir les voleur*s* —
Employez bien vo*s* loisir*s* — Payez régulière-
men*t* votre loyer — Ne croyez pa*s* q*ue* la fin
justifi*e* les moyen*s* — Soyez fran*c* et loyal —
Le tuyau est cylindriq*ue* — Le noyau est dur
— Le seul moyen d'êtr*e* aimé, c'est d'êtr*e*
aimabl*e*.

VINGT-SEPTIÈME LEÇON.

Quand une consonne est redoublée dans un mot, la dernière seule se prononce. Le seul effet de la première est de rendre brève la voyelle qui la précède.

Exemples : a*b*bé, o*f*frand*e*, fice*ll*e, fla*mm*e,
*c*o*mm*erce, fe*mm*e, ca*nn*e, A*nn*e, bo*nn*et,
re*nn*e, na*pp*e, ca*ss*et*te*.

Franklin a inventé les parato*nn*erre*s* — L'été
a*p*proch*e*, on fera la moi*s*son — La poul*e*
gra*tt*e la te*rr*e avec sa gri*ff*e pour nou*r*rir ses

poussins ; c'est une excellente mère — On a sonné la bonne pour qu'elle vienne mettre la nappe — J'écrirai une belle lettre à mon parrain pour lui souhaiter une bonne année — Quelle grandeur dans les œuvres du Tout-Puissant — Faites du bien à vos ennemis [1].

VINGT-HUITIÈME LEÇON.

Dans les mots en **emment**, l'**e** qui précède l'**m** se prononce **a**.

EXEMPLES : prudemment, différemment, éloquemment.

Le monde prouve évidemment un créateur — Mirabeau parlait éloquemment — Ne faites rien imprudemment — Ne répondez insolemment à personne — Julien frappe du pied violemment quand on le gronde, mais sa sœur fait différemment, elle écoute patiemment [2] les avis qu'on lui donne si prudemment — Pâques est une fête solennelle.

---

1. Cependant *en*, *em*, se prononcent *an*, dans ennui, ennoblir, emmener, emmancher, emmuseler, ennuyer, enivré, enorgueillir.
2. Ici *t* se prononce comme *s*.

VINGT-NEUVIÈME LEÇON.

Les deux consonnes s'entendent dans tous les mots qui commencent par **imm, ill, irr**.

EXEMPLE. — immortel, immobil*e*, illustr*e*, illusion, irrésolu, irritabl*e*.

Les deux consonnes se prononcent aussi dans les mots suivants :

commensal, commotion, commémoration [1] grammair*e*, Apollon, intellectuel, sollicitud*e*, belli*qu*eux, allusion, collè*gu*e, collaborateur, innombrabl*e*, *h*orreur, terreur, torren*t*, courrou*x*, je courrai, tu acq*u*errai*s*, il mourrai*t*, etc.

Dieu seul est immuabl*e* — Notr*e* âm*e* est immorte*ll*e — Un*e* illusion est un*e* chimèr*e* — Il y a au Louvr*e* un*e* be*ll*e collection de tableau*x* — Son caractèr*e* irritabl*e* et irrésolu lui a causé bien des mal*h*eur*s* — Quel *h*orribl*e* enfan*t* q*u*e celui q*u*i hai*t* ses paren*ts* — L'immensité des cieux publi*e* la gloir*e* de Dieu — Quan*d* vous dînerez chez votr*e* oncle, vou*s* serez son commensal — Les fabl*es* de La Fontain*e* son*t* des allégori*es* — Il fu*t* saisi de terreur en voyan*t* l'a*f*freux tor*r*en*t* — Un*e*

---

1. *t* se prononce *s* dans les mots en *tion*.

syllab*e* est un son. — L'infirm*e* sollicit*e* un secour*s* pour alléger sa misèr*e*, je ferai un*e* collect*e* en sa faveur avec mon collèg*ue*.

TRENTIÈME LEÇON.

ent final des verbes ne se prononce pas[1].

EXEMPLES. — Les enfan*ts* sag*es* jou*ent*, ri*ent*, chant*ent*, saut*ent*, mai*s*ᵤaussi il*s*ᵤétudi*ent*, il*s*ᵤécriv*ent* et il*s* s'appliq*uent* à tou*s* leur*s* devoir*s* — Les paren*ts* chéri*ssent* et récompens*ent* le*s*ᵤenfan*ts* studieux. — Les chien*s*ᵤaboi*ent*, les cha*ts* miaul*ent*, les lou*ps* hurl*ent*, les our*s* grond*ent*, les serpen*ts* si*f*fl*ent*, les corbeau*x* croa*ssent* — Les ᵤavar*es* amass*ent*, se priv*ent* de tou*t*, enta*ssent*, com*ptent* et recom*ptent*, et meur*ent* san*s* avoir joui de leur trésor. — Les ancien*s* ne moulai*ent* pa*s* le blé, ils le broyai*ent* dan*s*ᵤun mortier.

TRENTE ET UNIÈME LEÇON.

s se prononce **z** entre deux voyelles.

EXEMPLES. — vas*e*, raisin, chais*e*, ros*e*, plaisir, bis*e*, tison, usin*e*, asil*e*, loisir, surpris*e*,

---

1. Tout mot devant lequel on peut placer *il* ou *elle* est un verbe.

confusion, chose, cousin, cuisine. — A l'œuvre on connaît l'artisan — Ne méprisez pas la masure du pauvre — Modérez vos désirs — Gardez-vous bien du désordre et de la fainéantise — Saisissez l'occasion aux cheveux — Les Turcs se rasent la tête. — Ne disons pas tout ce que nous faisons, mais faisons tout ce que nous disons.

TRENTE-DEUXIÈME LEÇON.

c prend le son de s devant e, i, y.

Exemples. — Cicéron, cyprès, ceci, cilice, Nancy.

Voici Cécile qui revient du marché, et qui nous apporte des cerises douces, du céleri, des ciboules, et un lièvre pour faire un civet — La ciguë est un poison — Les Russes tuent les bêtes féroces avec des lances — Bien des personnes ont été frappées de cécité par l'électricité — Celui qui recèle les objets volés est aussi coupable que celui qui les vole.

c avec la cédille[1] (ç) se prononce aussi comme s.

1. La cédille est un petit signe que l'on met sous le c, pour lui donner le son sifflant de l's devant a, o, u.

Exemples. — façad*e*, maçon, agaçan*t*, conçu, *h*ameçon.

Jeun*e* garçon, ne fait*es* pa*s* la grimac*e* pour a*p*prendr*e* vo*s* leçon*s* — Il avai*t* conçu de fau*x* soupçon*s* contre son ami, mai*s* ₂ il reçut un*e* lettr*e* qu*i* le força à confe*s*ser ses tor*ts* — Les ours blan*cs* pa*ss*en*t* leur vi*e* sur les gla-çon*s*. — Souvien*s*-toi d'un servic*e* reçu — Un Français, no*m*mé Nicot, a*p*porta le tabac en France, en mil cin*q* cent soixant*e*.

TRENTE-TROISIÈME LEÇON.

t prend le son de l'**s** sifflante : 1° dans les mots qui finissent en **tion, tieux** et **tiel**, et dans tous les noms de peuples ou de personnes qui se terminent en **tien** ; 2° Dans tous les mots qui ont la syllabe **tia** et **tio**.

Exemples. — nation , potion , action , minutieux, ambitieux, prétentieux, *e*ssentiel, partiel, providentiel, Vénitien , Capétien , Titien, martial, nuptial, propitiation, dic-tio*n*nair*e*, national, fonctio*n*nair*e*.

3° **t** se prononce aussi **s** dans plusieurs mots qui finissent en **tie.**

Exemples. — minuti*e*, démocrati*e*, et dans balbutier, patienc*e*, etc. [1]

1 Quand le *t* est précédé d'un *s*, il garde le son qui lui est propre : question, digestion, sacristi*e*.

Acceptez avec discrétion le$s$ $_z$ invitation$s$ des grandds, si vou$s$ ne voulez pa$s$ vous $_z$ exposer à de$s$ $_z$ $h$umiliation$s$ — Les révolutionnaire$s$ sont le fléau des nation$s$ — L'ambitieux est insatiable d'honneur — Ne faites pa$s$ de question$s$ $_z$ indiscrètes — La minuti$e$ dan$s$ le$s$ $_z$ action$s$ est la preuv$e$ d'un petit esprit — Les $_z$ idées martiales des Spartiates venaient de l'exaltation du sentiment national — La sentinelle est en faction sur le bastion — L'actionnaire est un membr$e$ d'un$e$ société commerciale — Les grandes nation$s$ ne restent pa$s$ stationnaire$s$, elles marchent san$s$ cesse ver$s$ la perfection — Autrefoi$s$ les Vénitien$s$ seul$s$ fabriquaient des glaces.

TRENTE-QUATRIÈME LEÇON.

g suivi de **c, i, y** prend la prononciation du **j**.

gea, geo, geu se prononcent **ja, jo, ju**.

La voyelle **e** est alors au **g** ce que la cédille est au **c**.

EXEMPLES. — J'ai été puni, parc$e$ que je dérangeai$s$ toujour$s$ la mangeoir$e$ de Martin — L'imagination est la folle du logi$s$ — Le bourgeoi$s$ a été assez obligeant pour aider au gendarme à attraper le voleur qui a été remis _z entre les mains du geôlier—Le cerf écoute avec plaisir le son du flageolet et le chant des bergers — En Belgique on fait des gageures sur le tir au pigeon—Le geai ne sort pas de son gîte lorsqu'il fait du gîvre — En forgeant on devient forgeron — Les exercices gymnastiques sont aussi utiles au corps que l'étude l'est à l'esprit et au génie.

---

u après le **g** est nul devant les voyelles **e, i**, et sert à indiquer qu'il conserve l'articulation qui lui est propre.

Exemples. — guide, onguent, gueule.

Jésus parla aux vagues _z irritées et d'un mot calma leur fougue et leur impétuosité — La Guinée est une des contrées de l'Afrique — Ne fréquente par les guinguettes.

Cependant l'**u** se prononce dans tous les composés de **aigu, exigu** et dans linguiste, arguer, Guise.

La langue française ne souffre pas d'ambiguité [1] — Un linguiste est celui qui parle plusieurs langues.

1. L'*u* se prononce aussi quand il est suivi d'un *e* surmonté d'un tréma (*ë*). Exemple : ciguë, aiguë. Le tréma (¨) sépare la voyelle sur laquelle il se trouve de celle qui précède: Sinaï, égoïsme, Saül, Noël, et se place sur les voyelles *e, i, u.*

TRENTE-CINQUIÈME LEÇON.

Dans quelques mots français venant du latin **qua, qué, qui** se prononcent **koua, kué, kui.**

EXEMPLES : aquati*que*, aquare*ll*e, équateur, quatuor, loquacité, équitation, quintupl*e*.

EXEMPLES. — Les oiseau*x* z aquati*qu*es attra-p*ent* les poi*ss*on*s* en plonge*an*t — Le cheval est le plus nobl*e* des quadrupèd*es* — La statu*e* équestr*e* de Henri IV a été élevé*e* par la reco*nn*ai*ss*anc*e* publi*qu*e — L'aquare*ll*e est un*e* pei*n*tur*e* à l'eau — Ne soyez ni loqua*c*e ni bég*u*eul*e* —- L'équateur coup*e* la te*rr*e en deux parti*es* z égal*es*.

TRENTE-SIXIÈME LEÇON.

L'**h** est muette ou aspirée. L'**h** muette ne se fait pas sentir et ne sert qu'à indiquer la source du mot où elle se trouve. L'**h** aspirée empêche l'union de la consonne qui précède avec la voyelle qui la suit. C'est une véritable articulation que l'on doit prononcer plus ou moins, selon l'expression que l'on veut donner au mot où elle se trouve.

EXEMPLES. — J'ai aperçu un vilain hibou perché sur la plu*s* haut*e* branch*e* du hêtr*e* qui ombrag*e* la hu*tt*e du charbo*nn*ier — Je crain*s*

qu'il n'arrive mal*h*eur à ce pauvre *homme.*
— Q*uelle* honte ! ne sais-tu pa*s* que cet oiseau
hant*e* les lieux retiré*s* et ne se trouv*e* ici
q*ue* par hasar*d* : la Providenc*e* seul*e* dirig*e*
le*s* *z* événemen*ts* *z* *h*umain*s* — Les héro*s* son*t*
souven*t* des fléau*x* q*ui* mérit*ent* la haine des
peupl*es* au lieu de leur admiration — Le
ha*n*neton se cach*e* dan*s* les hai*es* — Les héron*s*
se nou*rr*iss*ent* de poi*ss*on*s,* et les héri*ss*on*s*
mang*ent* les ver*s* et les limaçon*s* — Le
prodig*ue* s'expos*e* à échanger se*s* *z* *h*abi*ts*
somptueux contre des haillon*s* et à porter la
ho*tt*e du chi*ff*o*n*nier — On fait de*ss*écher le
houblon sou*s* des hangar*s*. — Les harico*ts*
et les homar*ds* sont indigest*es* — David, par
les son*s* *z* *h*armonieux de sa harp*e*, cha*ss*ait
le*s* *h*orrible*s* pensé*es* q*ui* harcelai*ent* le roi Saül
— Les poët*es* dis*ent* q*ue* les harpi*es* étai*ent* des
oiseau*x* hideux — Les Hollandai*s* sont indus-
trieu*x* *z* et sobr*es* — Attila, roi des Hun*s,* à la
tête de ses horde*s* barbar*es,* ravag*ea* l'Europe
— Le hu*ss*ar*d* en a*rr*ivant au hameau ôta à la
hât*e* les harnai*s* et la hou*ss*e de son cheval et
courut embra*ss*er ses vieux par*ents* — Les
peti*ts* chien*s* hargneux hurl*ent* quan*d* *t* on leur

montre la har*t* — Que la hain*e* et la vengeanc*e*
n'entre*nt* jamai*s* dan*s* votre cœur.

TRENTE-SEPTIÈME LEÇON.

ph, se prononce comme **f** : alphabe*t*, phras*e*, atmosphèr*e*.
rh — **r** : *rh*ume, cat*h*arre.
th — **t** : *th*éâtre, *th*é, *th*ème.
sc — **s** devant **e, i, y** : s*c*ène, s*c*ie, s*c*ythe.
ch — **k** dans écho, chao*s*, chœur, orchestre, et*c*.

EXEMPLES. —Joseph et Phili*pp*e, voulant ex-
primer leur sympat*h*ie à leur sœur Sophi*e*
clouée sur son li*t* par un r*h*umatism*e*, sont a*ll*és
au bureau du télégraph*e* pour lui envoyer un*e*
dépêch*e* à Philadelphie — L'*h*omm*e* vertueux
port*e* sur sa physionomi*e* le sceau de la divinité — Si vo*s* camarad*es* fon*t* du brui*t*, ne
fait*es* pas chorus — Le phosphor*e* brule —
L'espri*t* de camphr*e* est bon pour le r*h*um*e* —
Le r*h*inocéros a un*e* corn*e* sur le nez — Le
C*h*ristianism*e* est le phar*e* de la philosophie —
Gall a été le fondateur de la scienc*e* phrénolo-
giqu*e* — On fait en Angleter*re* des tart*es* avec
de la r*h*ubarb*e* — N'ayez d'ent*h*ousiasm*e* que
pour le beau et le vrai — On représente
l'arc*h*ang*e* sain*t* Michel ter*ra*ssant le démon —

Les‿anthropophages mangent leurs prisonniers de guerre — La photographie est un art récemment inventé — Il vaut mieux‿z aller chez le meunier que chez l'apothicaire ou le pharmacien — Les bacchantes étaient des prêtresses de Bacchus qui chantaient et hurlaient en chœur pour célébrer les fêtes de leur dieu — Une maladie lente est appelée chronique — Écoute les‿z inspirations de ta conscience — Le cuir de l'éléphant est à l'épreuve des balles

---

TRENTE-HUITIÈME LEÇON.

SONS LIQUIDES OU MOUILLÉS.

On appelle ainsi une articulation particulière empruntée aux Italiens.

Il y a deux sons liquides.

Le 1er n'a qu'une forme :

gn : borgne, signal, cognée.

Le 2e a trois formes :

1re **il** final, précédé de **a, e** ou **eu** et formant l'articulation inséparable de ces voyelles : corail, vermeil[1], deuil.

2e **ill**, dans le corps des mots, précédé de **a, e** ou **eu, ou, u** : tailleur, oreille, feuille, citrouille, cuiller.

---

1. Prononcez *e* comme *è* semi-ouvert; *e* suivi d'un son liquide se change ordinairement en *è* semi-ouvert. Le liquide joue ici le rôle de toute autre articulation qui ouvre l'*e* quand elle le suit immédiatement dans la même syllabe.—Remarquez que le liquide se prononce comme une seule articulation.

3ᵉ **ll**, dans le corps des mots, précédé **i**: papillon, fille, tillac.

REMARQUE. Il faut remarquer que **l** ou **ll** n'est jamais liquide sans être immédiatement précédé de la voyelle **i**, qui fait tantôt partie du liquide, comme dans travail, groseille; tantôt appartient à la voyelle précédente, comme dans postillon.

EXEMPLES : Si tu veux qu'on t'épargne, épargne les autres — Les petits agneaux sont mignons — Autrefois les grands seigneurs signaient avec le pommeau de leur épée — L'araignée est une vilaine bête qui attrape les mouches dans sa toile — Le cou du cygne figure la proue d'un navire — L'oisiveté marche si lentement que tous les vices l'atteignent bientôt — Le rossignol est le chantre des bois[1].

Les Napolitains travaillent le corail — Nos anciens guerriers couvraient le poitrail de leurs chevaux d'une cotte de maille — L'éventail est d'origine chinoise. — A ton réveil élève ton âme vers Dieu — Le vermeil est de l'argent doré — Écoutez les conseils des vieilles gens — Ne contrefaites pas les vieillards — Vous vieillirez bientôt — Éveillée dès l'aurore, l'allouette chante le lever du soleil — On doit

___
1. Les deux consonnes s'entendent dans incognito, stagnant, inexpugnable, magnitude.

faire un bon accueil au*x* $_z$ étranger*s* — L'œil du maîtr*e* doi*t* veiller à tou*t* — Les grandeur*s* sont souven*t* l'écu*e*il de la vertu — Le roug*e*, chez les Chinoi*s*, es*t* la couleur du deuil — Il y a quarante fauteuil*s* à l'Académi*e* française — Bayar*d* était un vaillan*t* capitain*e*; il s'es*t* distingu*é* dan*s* beaucou*p* de batail*les* — Le travail de l'abeill*e* es*t* qu*e*lqu*e* chose de mer-veilleux — Un *homme* bienveillan*t* ne prêt*e* jamai*s* l'oreill*e* à la médisanc*e* — La chenille se métamorphos*e* en papillon — Je conserve religieusemen*t* les cheveux de ma vieill*e* mère dan*s* $_z$ un médaillon — On se ser*t* encor*e* peu de la cuiller dan*s* le*s* $_z$ Ind*es*. — Vou*s* $_z$ obtiendrez la bienveillanc*e* par la polite*sse* et la douceur — Les $_z$ écureuil*s* son*t* de joli*s* peti*ts* $_z$ animaux, remarquabl*es* par leur gentille*sse* — Il*s* tra-versen*t* les rui*s*seau*x* sur un*e* écorc*e* et leur qu*eue* leur ser*t* de gouvernail — Tu aperçoi*s* une paill*e* dan*s* l'œil de ton voisin et tu ne voi*s* pa*s* la poutr*e* qu*i* es*t* dan*s* le tien [1].

Le son liquide se fait entendre dans les combinaisons de voyelles suivantes :

1° Dans la diphthongue **ien**, qui se prononce **ll** in : chien, gardien, prononcez : **ch ll in**, gardllin.

1. Les deux *ll* ne sont pas liquides dans ville, mille, million, tranquille.

2° Toutes les fois que les diphthongues **ions**, **iez**, sont précédées d'un **i** : nous priions, vous liiez, prononcez : prillions, lilliez.

3° Dans pays, obéir, gentilhomme, etc. (pèlli).

Obéi*s* si tu veu*x* qu'on t'obéi*sse* un jour — Dieu veu*t* que nou*s* le priion*s* — Les serviteur*s* de*s*ᵤancien*s* roi*s* étai*ent* choisi*s* parmi les gentil*sh*omme*s* — Le paysan et le roi sont égau*x* devan*t* Dieu — Qui ser*t* bien son pay*s* n'a pa*s* besoin d'aïeux.

TRENTE-NEUVIÈME LEÇON.

m suivi de **n** conserve son articulation naturelle et ne s'unit plus à la voyelle précédente pour former un seul son.

EXEMPLES : omnipotenc*e*, calomni*e*, indemnité, automnal.

En sortan*t* de chez le calomniateur, secou*e* la pou*s*sièr*e* de tes pie*ds* — L'omnipotenc*e* est un de*s*ᵤ attribu*ts* de la divinité — L'indemnité est un*e* compensation pécuniair*e*.

QUARANTIÈME LEÇON.

CONSONNES NULLES DANS LE CORPS DES MOTS.

m ne se prononce pas dans auto*m*ne, da*m*ner, conda*m*ner.

n et **r** dans mo*n*sieur.

g dans si*g*ne*t*.

p dans ba*p*tiser, exem*p*ter, se*p*tième, se*p*t.

f dans che*f*-d'œuvr*e*, œu*f*-frais, bœu*f*-gras.

s dans Duguesclin, les Vo*s*ge*s*, Aisn*e*.

a dans *a*oût, t*a*on, *a*outer*o*n, s*a*ou*l*, *a*oriste et S*a*ône.

e dans J*e*an, ass*e*oir, à j*e*un.

o dans pa*o*n, fa*o*n, La*o*n, Cra*o*n.

Ne condam*m*non*s* pas san*s*₂ entendre — Le couran*t* de la Sa*ô*ne est à peine sensib*le* — Le fa*o*n es*t* le peti*t* de la biche — Au carnaval on promèn*e* le bœu*f* gra*s* dan*s* tout Pari*s* — Sain*t* Jean ba*p*tisa Jésu*s* C*h*ris*t* — Le mois d'*a*oût es*t* le plu*s* chau*d* de l'a*n*née — N'imitez pa*s* la vanité du pa*o*n en faisant étalage de vo*s* vertu*s* et de vo*s* talen*ts* — C'est à Épinal, chef-lieu du départemen*t* des Vo*s*ge*s*, que l'on fai*t* le plu*s* d'imag*es* pour le*s* ₂ enfan*ts* — Duguesclin est un de no*s* plu*s* vaillan*ts* capitain*es* — Le t*a*on es*t* une gros*se* mouche qui pique les chevau*x*.

QUARANTE ET UNIÈME LEÇON.

x se prononce le plus souvent comme **ks**. Exemples : excès, explication, fluxion, lux*e*, phénix. Il se prononce **gz** dans les mots qui commencent par **x** ou par **ex** suivis d'une voyelle. Exemples : Xavier, Xénophon, exaltation, exagération, inexact. — x se prononce s dans soixante, Bruxe*ll*es, Auxo*nn*e, Auxe*rr*e; et dans six, dix, quand ces deux derniers mots figurent seuls ou à la fin d'un membre de phrase. — x se prononce z dans deuxième, sixième, dixième.

Le*s* $_z$ Anglai*s* sont issu*s* des Saxon*s* — Alexandr*e* et Alexi*s* ont un*e* fluxion ; je cour*s* les voir — Nou*s* $_z$ acquéron*s* de l'expérienc*e* à no*s* dépen*s* — Xénophon s'est illustré dan*s* la retrait*e* des Di*x* mi*ll*e — Auxo*nn*e soutint un*e* lu*tt*e glorieus*e* lor*s* de l'invasion étrangèr*e* — Le*s* tyran*s* sont inexorabl*es* enver*s* leur*s* victim*es* — Le Dog*e* de Venis*e* présidai*t* le fameux conseil des Dix — La te*rr*e s'a*pp*lati*t* à ses deu*x* $_z$ extrémité*s* — Suivez le bon exemple de vo*s* paren*ts*, je vou*s* $_z$ y ex*h*orte — Si*x* fois six, fon*t* trente-six, et si*x* foi*s* dix fon*t* soixante — Examinez chaq*ue* soir votre con-scienc*e* — Charle*s* X a été notre dernier roi Bourbon — On nou*s* di*t* dan*s* la mythologi*e* q*ue* le Styx était un des troi*s* fleuv*es* des enfer*s* — Le sixièm*e* jour Dieu créa l'*homme* à son image — Ne soyez exagéré en rien; évitez l'exaltation dan*s* les sentimen*ts* et l'exagération dan*s* les discour*s*, et laissez-vou*s* toujour*s* g*u*ider par la sage*ss*e.

QUARANTE-DEUXIÈME LEÇON.

Bien que les consonnes finales ne s'entendent pas ordinairement, celles des mots étrangers introduits en français se prononcent. — **en**, finale de ces mots, se prononce *èn*, l'**n** ouvrant l'**e** et conservant l'articulation qui lui est propre.

EXEMPLES : blocus, vivat, bis, omnibus, Cérès, aloès, fi*l*s, as, jadis, Iris, Lapis, vis, métis, os, maïs, *rh*inocéros, mérinos, vasistas, ours, mœurs, mars, Albinos, joug, fat, net, dot, brut, chut, but, cinq, se*p*t, huit.

Dans ces trois derniers, la consonne finale ne s'entend que quand ils se trouvent à **la** fin d'un membre de phrase : dans vingt, le **t** se prononce en comptant de vingt à trente. Les deux dernières consonnes se font entendre dans strict, est, ouest, Brest, direct, correct, et dans les mots finissant en **act** : tact, exact.

EXEMPLES : Hymen et mariag*e* son*t* synonym*es* —Se*p*t foi*s* q*u*a*t*r*e* font vingt-huit — Cérès étai*t* la dée*ss*e des moi*ss*on*s* et Mars le dieu de la g*u*e*rr*e — Ne ven*ds* pa*s* la peau de l'ours avan*t* de l'avoir tué — Les mœurs italie*nn*es et les mœurs espagnol*es* se re*ss*emb*l*e*nt* beaucou*p* — L'Éden ou Paradi*s* te*rr*estr*e* était en Asi*e* mineur*e* — Cin*q* et troi*s* fon*t* huit — Soyez exact à remplir vo*s* engagemen*ts* — Troi*s* foi*s* se*p*t fon*t* ving*t* et un — On do*nn*e au*s*si le nom d'Iris à l'arc-en-ciel — Q*ui* aime son fi*l*s le châti*e* bien — Les brebi*s* mérinos son*t* d'origin*e* espagnol*e* — Le maïs s'a*pp*el*l*e au*s*si blé de Tur*q*u*ie* — Certain*s* sauvag*es* de l'Améri*q*u*e* transporten*t* partou*t* avec eux le*s* z os de leur*s* père*s* — Moïs*e* délivra le*s* *H*ébreux du joug de*s* z Égyptien*s*.

QUARANTE-TROISIÈME LEÇON.

um terminant les mots d'origine latine se prononce **om**.

EXEMPLES : laudanum, opium, pensum, minimum, album, muséum.

Les Chinoi*s* fum*en*t l'opium — Remerciez votre maîtr*e* q*ua*nd t il vous do*nn*e un pensum — Le géranium s'a*pp*el*l*e encore bec-de-grue — Le meilleur r*h*um vien*t* de la Jamaï*q*u*e* — Le laudanum est un extrai*t* d'opium — Je conserv*e* religieusemen*t* mon album q*ui* contien*t* le*s* portrai*ts* de mes paren*ts*.

QUARANTE-QUATRIÈME LEÇON.

f finale se prononce généralement. Ex. : chef, œuf, fugitif.

l   —   —   fil, bal, bol.

c   —   —   lac, bec, pic, choc.

EXCEPTIONS :

f ne se prononce pas dans cle*f*, cer*f*, ner*f*, et dans les pluriels : bœu*f*s et œu*f*s.

l ne se fait pas entendre dans bari*l*, fusi*l*, perci*l*, nombri*l*, sourci*l*, outi*l*, saou*l*.

c est nul dans cro*c*, escro*c*, estoma*c*, et dans les mots finissant en **anc** et en **onc** : blan*c*, jon*c*.

Ne laissez jamai*s* les cle*f*s sur les port*es* — — Jadis on se servai*t* d'arc*s* et non pa*s* de fusi*ls* — Les boi*s* du cer*f* pousse*n*t chaq*ue* année — L'escroc a voulu se sauver dan*s* le parc, mai*s* le gendarm*e* l'a *a*ttrapé au moment où il se cachai*t* dans le tronc d'un vieil arbr*e* — Le persi*l* est un poison violen*t* pour le*s*₍z₎ oiseau*x* — L'estomac es*t* le cuisinier du cor*ps* — Les plu*s* gro*s*₍z₎ œu*f*s son*t* ceux de l'autruch*e* — Le vin ne se conserve pa*s*₍z₎ en bari*l* — C'est en Angleter*r*e qu*'*on trouv*e* les plus beau*x* bœu*f*s — Ne froncez pa*s* les sourci*ls* — Dieu a doué certain*s*₍z₎ animau*x* d'un instin*ct* merveilleux.

QUARANTE-CINQUIÈME LEÇON.

Les deux consonnes finales ne se prononcent pas dans tem*ps*, cor*ps*, exem*pt*, almana*ch*, vin*gt*, aspe*ct*, circonspe*ct*, respe*ct*, fau*lx*, Jésus-*Ch*ri*st*, doi*gt*, ins*t*in*ct*, poi*ds*, pou*ls*, au*lx* et au pluriel des noms et des adjectifs dont la consonne finale ne s'entend pas au singulier.

EXEMPLES : Les salu*ts* profon*ds*

Et dans les verbes :

je ren*ds* — tu per*ds*.

Jésu*s*-*Ch*ri*st* se char*g*ea du poi*ds* de no*s* iniq*u*ité*s* et mouru*t* pour nous racheter — Un pou*ls* précipité indiq*ue* un état fiévreux — Le doi*gt* de Dieu a marqué des limit*es* à l'Océan — Si tu pren*ds* le bien d'autrui, tu per*ds* le repo*s* de la con*s*cience et le respe*ct* de toi-même — On représen*t*e le tem*ps* sou*s* la figure d'un vieillar*d* tenant une fau*lx* à la main — Perso*nn*e n'est exem*pt* de peine*s* : les gran*ds* ᵤ ont les leur*s*, co*mm*e nous ᵤ avon*s* les nôtr*es* — A l'aspe*ct* du soleil levan*t*, les Musulman*s* fon*t* leur*s* prièr*es* — Soyez circonspe*ct* dans vo*s* discour*s* — Le*s* ᵤ Arab*es* fur*ent* les premier*s* à se servir d'almana*chs* — Treiz*e* et se*pt* fon*t* vin*gt* — Le*s* ᵤ enfan*ts* sont de peti*ts* ᵤ ho*mm*es.

QUARANTE-SIXIÈME LEÇON.

UNION DES MOTS.

Les mots se lient entre eux pour rendre la prononciation plus douce, plus agréable et plus coulante.

Tous les mots entre lesquels il n'y a pas de repos naturel, même le plus léger, ou indiqué par la ponctuation, coulent l'un dans l'autre, c'est-à-dire s'unissent entre eux et se lisent comme s'ils n'en formaient qu'un seul, toutes les fois que le premier finit par une consonne et que le suivant commence par une voyelle ou une **h** muette et que cela n'est pas contraire aux lois de l'harmonie.

Toute consonne finale qui s'entend dans un mot, s'unit naturellement avec le mot suivant et conserve le son qui lui est propre[1]. Quand la consonne finale est suivie d'un **e** muet, l'union se fait également sentir[2].

EXEMPLES : Un bon fils est la joie et l'espoir de ses parents — Pour savoir quelque chose il faut l'avoir appris — Il est difficile de se défaire d'une vieille habitude — Le cheval est un animal intelligent — David a composé des psaumes sublimes — Le bel âge est une fleur passagère — Le chant du coq annonce l'aurore — L'orgueil est le vice des petites âmes — Le bal est souvent fatal à l'innocence — L'indiscret ressemble à une

1. Excepté *neuf*, dont l'*f* se change en *v*. Exemple : il est neuf heures.

2. La dernière consonne sonore des mots composés se fait sentir dans la liaison au pluriel et l's est nulle. Exemple : des coqs à l'âne, des arcs en ciel, des vers à soie.

le*ttre* ouvert*e* — Un cap est un*e* élévation de terr*e* qu*i* se proje*tte* d*an*s la mer — *Qu*e la terr*e* es*t* peti*te* à qui la voi*t* des cieux — Le Juif a été lon*g*tem*ps* persécuté par le C*h*rétien — Le travail es*t* le gardien de la vertu — Le bœuf Aspis était un dieu chez le*s*_z Égyptiens — Le fat encour*t* le mépri*s* de tou*s* les gen*s* sensé*s* — Le fer est un métal utile.

QUARANTE-SEPTIÈME LEÇON.

Quand la consonne finale est muette, c'est le bon goût et l'usage qui décident de la liaison des mots ; la consonne, dans ce cas, conserve aussi le son qui lui est naturel.

Excepté : **s** et **x**, qui se changent en **z** : Les_z *h*eureu*x*_z enfan*ts*.

    d   —   en **t** : Un gran*d*_t artist*e*.

    g   —   **k** : Un gou*g*_k imbécil*e*.

EXEMPLES : Les beau*x*_z *h*abi*ts* ne fon*t* pa*s* le mérit*e* — Ne vou*s*_z exposez pa*s*_z inutile- ment au danger — Celui qu*i* ren*d*_t un servic*e* pai*e* une de*tte* à Dieu — La terr*e* est divisée en deu*x*_z *h*émisphèr*es* — Ne soyez pa*s*_z en- têté — Venez ici, mo*n*sieu*r*, prenez un siég*e* et parlez à haut*e* voi*x* — Un ran*g*_k élevé impos*e* de gran*ds* devoir*s* — Soyez économ*e* de votre tem*ps*, car vou*s*_z aurez à en rendre compte un jour — Laissons les sottes frayeurs aux z hommes superstitieux z et ignorants — Tout est arrangé dans l'univers avec une sagesse et une bonté infinies — Un froid t écrit assomme — La science est un trésor inépuisable — Le malheur plonge l'incrédule dans z un désespoir affreux — Bossuet fut un grand t orateur et un profond t écrivain — Plaignons les peuples qui gémissent sous le joug k étranger — Le courage impose non-seulement aux z hommes, mais z encore aux z animaux.

QUARANTE-HUITIÈME LEÇON.

Les voyelles **on, an, un, in**, quelle qu'en soit l'épellation, les diphthongues **ier, ien, er** finale des noms, **p** finale de tous les mots, ne s'unissent pas à la voyelle suivante, parce qu'il en résulterait un son désagréable, contraire à l'euphonie.

L'**h** aspirée empêche toute liaison.

Exemples : Le loup est le cauchemar des bergers — Le chien est le seul animal dont la fidélité soit à l'épreuve — On peut être héros sans ravager la terre — Un nom illustre est un bel héritage — Il est noble de gagner son pain à la sueur de son front — Le tribun était un magistrat du peuple chez les Romains La faim accompagne souvent la paresse — Le mien et le tien ont été la source de bien des querelles — Admirez avec quel soin assidu l'oiseau pourvoit aux besoins de ses petits — Une bonne action augmente de valeur quand t on la fait sans z ostentation — Le bien acquis injustement ne profite jamais — Chacun a son défaut mignon qu'il doit s'appliquer à corriger — L'écran est sur le fauteuil — Le savant ne craint pas les revers de la fortune, car il porte tout son bien avec lui.

QUARANTE-NEUVIÈME LEÇON.

Cependant *trop* et *beaucoup* se joignent au mot suivant.

EXEMPLES : Qui trop embrasse mal étreint — Jésus a beaucoup aimé les petits z enfants — Vous z êtes trop aimable et trop obligeant, monsieur — Nous z avons beaucoup admiré la foi des premiers Chrétiens — Bernardin de Saint-Pierre a beaucoup étudié et beaucoup interrogé la nature.

CINQUANTIÈME LEÇON.

Quelques mots en **an, un,** etc., s'unissent à la voyelle initiale du mot suivant; mais pour éviter un son nasal, ils changent alors légèrement leur prononciation.

Ce sont :

mon,	qui se change en **mo**[1] :	mon ami.
ton,	— **to** :	ton oncle.
son,	— **so** :	son *h*ôtel.
bon,	— **bo** :	un bon époux.
un,	— **e** :	un éventail.
aucun,	— **auke** :	aucun âne.
commun,	— **comme** :	commun accord.
certain,	— **certai** :	certain usage.
plein,	— **plei** :	plein air.
prochain,	— **prochai** :	prochain opéra.
vain,	— **vai** :	vain hommage.
vilain,	— **vilai** :	vilain oiseau.
ancien,	— **anciè** :	ancien avocat.
bien,	— **biè** :	bien élevé.
rien,	— **riè** :	rien au monde.
moyen,	— **moyiè** :	le moyen âge.
dernier,	— **derniè** :	dernier adieu.
premier,	— **premiè** :	premier élève.
renoncer,	— **renoncè** :	renoncer à ses vices[2].

on, en, conservent le son qui leur est propre; mais on ajoute un **n** imaginaire pour faire la liaison : on en a.

1. Et la consonne finale forme l'articulation du mot suivant.

2. *r* dans *er, ier,* terminaisons de verbes, s'unit parfois au mot suivant, surtout dans le langage soutenu et la poésie.

Un bon ami est un trésor — C'est un vilain *homme* que le misant*h*rope — On n augmente son bon*h*eur en n en faisan*t* par*t* à son ami — Un bon ouvrier s'a*ss*ure le bien-être par une économie bien entendue — Quan*d* t on avance en n âge on devrait au*ss*i avancer en vertu — Mon ami est a*ll*é chez son oncle en n a*t*tendan*t* l'a*rr*ivée de ton aimable sœur, son épouse — Constantin a été le premier empereur c*h*rétien — Un ancien ami est une chose toujour*s* nouve*ll*e — Vo*s* maître*s* vou*s* z aim*ent*, soyez-en certain*s* : s'il*s* son*t* trop indulgen*ts* pour vou*s*, n'en n abusez pa*s* — On doit être bien oblig*e*an*t* et bien indulgen*t* enver*s* ceux q*u*i on*t* beaucou*p* sou*ff*ert — C'était une gran*de* e*rr*eur de croi*r*e q*u*e la te*rr*e étai*t* plate, mai*s* z on n en n es*t* bien revenu — Un avar*e* tondrait un œuf — Combien on trouv*e* de sublimité*s* dan*s* l'Évangile — On ne doit pa*s* mépriser les faible*s*, car on n en n a souven*t* besoin — Aucun *homme* n'es*t* parfai*t* — L'exercice en plein air exem*p*te de beaucou*p* d'infirmité*s* — Tai*r*e un service q*u*'on n a rendu, c'est ajouter au bienfai*t* — — Pour a*p*prend*r*e, il faut étudier ave*c* ardeur

— Les chevaliers du moyen âge étaient armés de pied_t en cap — Lynx envers nos pareils, et taupes_z envers nous — Nous nous pardonnons tout, et rien aux_z autres_z *hommes* — La beauté ne vaudra jamais_z un bon esprit et surtout une belle âme — La Peyrouse a voyagé en_n Europe, en_n Asie, en_n Afrique, en_n Amérique et en_n Océanie — Hérodote est le plus_z ancien *h*istorien connu — Le premier élève de la classe a proposé de faire un cadeau à notre maître pour le jour de sa fête, et nous_z avons tous accepté sa proposition d'un commun accord — Tu crois_z être heureux ici-bas, vain espoir ! — Certain obstacle qui vous paraît insurmontable sera facilement vaincu par le travail.

CINQUANTE ET UNIÈME LEÇON.

ÉLISION DE L'**e**.

L'**e** est par sa nature un son lourd et indécis, c'est pour cette raison que le génie de la langue française exige qu'il se supprime dans le corps et à la fin des mots, toutes les fois que cela rend la phrase plus coulante et plus rapide et contribue à assurer l'harmonie du langage. C'est pour cela qu'on l'appelle **e** muet.

Après une voyelle il se supprime toujours, car il ne sert alors qu'à indiquer l'étymologie du mot où il se trouve.

Après une consonne l'e se supprime toutes les fois que les organes de la voix peuvent prononcer sans son aide et avec facilité l'articulation qui le précède et qui doit toujours être clairement et complètement énoncée. Cette articulation s'appuie alors sur la voyelle qui la précède ou sur celle qui la suit, es finale des verbes, des noms, etc., se supprime dans les mêmes conditions, mais qu'il y ait élision ou non l's ou le t se joignent à la voyelle suivante.

EXEMPLES : D'aimables enfants — Les méchants tremblent à l'approche de la mort.

Lorsque l'e se rencontre dans plusieurs syllabes successives, on supprime généralement ces e alternativement. Dans tous les cas on doit consulter l'oreille, le bon goût et l'usage.

EXEMPLES : Il faut rendre hommage au courage et à la vertu — Les insensés obéissent à leurs passions comme les girouettes obéissent au vent — L'homme coupable cherche vainement une diversion aux remords qui le poursuivent — Comment un autre pourrait-il garder notre secret si nous ne pouvons le garder nous mêmes — Ne pesez jamais les bienfaits — Vous voudriez être savant. Hé bien ! tâchez de le devenir par un travail assidu — Je ne sais quoi de suave et de doux est répandu sur le visage de l'honnête homme — Les honnêtes gens se montrent toujours jaloux de l'estime des autres hommes — La nature humaine est dépravée — C'est le destin des choses $_z$ *h*umaine*s* de n'avoir qu'une courte et rapide durée — Une rapidité que rien n'arrête, entraîne tout dan*s* le*s* $_z$ abîme*s* de l'Éternité — Il y a dans le jardin des Tuileries de be*ll*es statue*s* de marbre[1] blanc — Lui avez-vous dit que je ne pouvai*s* le recevoir — Je le lui ai répété cent fois — Vous $_z$ ête*s* $_z$ *h*eureux de revoir vo*s* paren*ts*? Je le crois bien !

— L'amour doit être le mobile de toute*s* no*s* $_z$ actions; aimez donc Dieu, votre[2] père, votre mère et votre prochain, et soyez sûr*s* que vou*s* remplirez tou*s* vo*s* devoir*s* — Me reconnaissez-vous? Je ne pense pa*s* — Vou*s* savez le latin? — Oui, mais faite*s* comme si je ne le savai*s* pa*s* — Me remettrez-vou*s* ce que je demande? — Je ne vou*s* oublierai jamai*s*, je sai*s* tro*p* ce que je vou*s* dois, cher ami — Qu'est-ce que je vois — Revenez me voir bientôt — Voilà ton livre ! Tu peux le garder — Je ne te le demande pa*s* — Il a forfait à l'ho*nn*eur et il est surpri*s* de ce que je ne le fréquente plus ! Je vous quitte, cher*s* $_z$ amis,

---

1. Rappelez-vous que l'*e* ne se supprime pas toutes les fois que la consonne ou les consonnes formant l'articulation précédente ne peut s'entendre distinctement sans son secours. Dites donc : marbre blanc, et non marb' blanc.

2. Votre père, et non vot' père.

mai*s* ce n*e* s*e*ra pa*s* pour longtem*ps* — Ne répétez pa*s* ce q*ue* vou*s* v*e*nez d'entendre — Un s*e*cre*t* pour moi est un*e* chos*e* sacré*e* — Soyez donc sûr q*ue* je n*e* le r*e*dirai à per-so*nn*e.

CINQUANTE-DEUXIÈME LEÇON.

QUANTITÉ.

Les syllabes sont tantôt longues, tantôt brèves. La quantité en français repose sur trois principes seulement :

1er La nature même du son ; 2e la nature de l'articulation précédente ; 3e celle de la suivante.

Les sons du larynx étant bas et lourds, les organes de la voix passent plus de temps à les prononcer qu'à former ceux du palais.

Nous considérons donc : **ou, on, an, un, e** comme des voyelles longues, **ou** étant la plus longue et les autres diminuant de quantité à mesure qu'ils s'élèvent dans l'échelle musicale.

Les sons du pharynx sont aigus et légers et par conséquent **è, in** sont des voyelles brèves. Quant aux sons de la bouche, ils peuvent être prolongés ou accourcis à volonté ; excepté pourtant le son **é**, qui étant une émission soudaine de la voix est toujours court. **i** et **u** sont toujours brefs.

L'**a** est plus ou moins ouvert et par conséquent est plus ou moins long.

Il y a trois sortes d'**a** : 1° l'**a** très-long, comme dans **crâne** ; 2° l'**a** moyen, comme dans **mare**, et 3° l'**a** bref, comme dans **salade**.

1° **â** surmonté d'un accent circonflexe (**â**) est toujours long : Idolâtre, mât, crâne, bâton, pâle, plâtre.

2° **a** est généralement long, lorsqu'il est placé devant le liquide **ill**, comme dans : haillon, baillon, bailleur, volaill*e*, murail*le*, canaill*e*[1].

EXCEPTIONS : Médaill*e*, faillir, jaillir, saillir et leurs composés.

3° **a** suivi de **tion** est toujours long : Capitulation, justification, compensation, formation, récréation, passion, compassion.

4° **a** dans les terminaisons **as**, **ase**, est long, même quand l'**s** de **as** se prononce : ama*s*, lila*s*, repa*s*, cas*e*, vas*e*, héla*s*.

a est long dans les mots suivants : fabl*e*, sabl*c*, érabl*e*, il accabl*e*, miracl*e*, barbar*e*, bass*e*, cadr*e*, class*e*, tas*se*, chass*e*, grass*e*, lass*e*, il amass*e*, il cass*e*, il pass*e*, sabr*e* ; ass*e* dans les verbes est long : que je marchass*e*, que tu parlass*es*, etc. Mais **ât** est bref : qu'il marchâ*t*, qu'il parlâ*t*.

Il y a deux sortes d'**o**, l'**o** bref qui est le plus commun : locomotive, et l'**o** plus ou moins long.

o surmonté de l'accent circonflexe est long, (**ô**) : dépôt, côté, tôle, dôme.

o dans les terminaisons **ose** : osité est long, dos*e*, métamorphos*e*, pros*e*, curiosité, animosité.

o est long dans **os** : osier, oser, gros*se*, foss*e*.

Le son **o**, représenté par **au** ou **eau**, est ordinairement long, comme dans autorité, aubépin*e*, corbeau, flambeau, tombeau, joyau, pauvr*e*, chaum*e*.

Quant aux principes 2 et 3, on doit remarquer que quand une voyelle est précédée d'une diphthongue-consonne, ou de toute autre consonne dont l'articulation est plus ou moins difficile, le son doit être nécessairement plus long que s'il n'était pas articulé, puisque la consonne n'a pas de son par elle-même.

La même chose arrive lorsque la voyelle est suivie d'une articulation, à laquelle elle sert de point d'appui. Ainsi **o** sera plus long dans : trou, glou, glou, que dans : joujou, chou, goût, vous, houx, et plus long dans ces derniers mots que

---

1. L'*i* et l'*u* ont toujours la même quantité. L'accent circonflexe, qu'on trouve parfois sur ces lettres, indique seulement la suppression de l'*s*. La preuve de cette assertion est que l'*i* dans *givre* et l'*u* dans *juge* sont plus longs que l'*i* dans *épître* et l'*u* dans *flûte*.

dans : toux, nous, sous, roux ; **j, ch, g, v, h** étant les consonnes les plus longues en français.

Pour la même raison, quand une consonne s'appuie sur la voyelle qui précède, elle rend celle-ci plus ou moins longue, selon la difficulté de son articulation. Ainsi : **ou, a, i, o, u,** dans : four, bazar, exil, ténor, sud, sont plus longs que dans : filou, papa, fini, duo, tribu. Le même fait physiologique s'observe quand on prononce une syllabe devant un **e** élidé. La voix s'arrête naturellement plus longtemps sur la voyelle précédente. Ce repos donne aux organes de la voix le temps de se préparer pour glisser sur l'articulation difficile et pour l'énoncer distinctement. EXEMPLES : revenez ici. — Je te redois de l'argent. — Que de fous dans le monde.

CINQUANTE-TROISIÈME LEÇON.

e en poésie se prononce toujours, excepté à la fin des vers et devant une voyelle ; **es**, terminaison de noms, d'adjectifs, etc., **ent** finale des verbes, forment toujours une syllabe. Exemple :

> Je le tiens ce nid de fauvette [1];
> Ils sont deux, trois, quatre petits.
> Depuis si longtemps je vous guette,
> Pauvres oiseaux, vous voilà pris !
>
> Criez, sifflez, petits rebelles,
> Débattez-vous ; oh ! c'est en vain :
> Vous n'avez pas encore d'ailes,
> Comment vous sauver de ma main ?
>
> Mais, quoi, n'entends-je point leur mère,
> Qui pousse des cris douloureux ?
> Oui, je le vois ; oui, c'est leur père,
> Qui vient voltiger auprès d'eux.

---

1. Syllabez d'abord et comptez huit syllabes dans un vers.

Ah ! pourrais-je causer leur peine,
Moi qui l'été, dans les vallons,
Venais m'endormir sous un chêne,
Au bruit de leurs douces chansons ?

Hélas ! si du sein de ma mère
Un méchant venait me ravir,
Je le sens bien, dans sa misère,
Elle n'aurait plus qu'à mourir.

Et je serais assez barbare
Pour vous arracher vos enfants !
Non, non, que rien ne vous sépare ;
Non, les voici, je vous les rends.

Apprenez-leur dans le bocage,
A voltiger auprès de vous :
Qu'ils écoutent votre ramage,
Pour former des sons aussi doux ;

Et moi, dans la saison prochaine,
Je reviendrai dans ces vallons
Dormir quelquefois sous un chêne,
Au bruit de leurs jeunes chansons.

CINQUANTE-QUATRIÈME LEÇON.

PONCTUATION.

La virgule (,) indique un petit repos.

Le point et virgule (;) une pause plus forte que la virgule.

Les deux points (:) une pause encore plus longue.

Le point (.) indique que la phrase est finie.

Le point d'exclamation (!) exprime la joie, la douleur ou l'admiration.

Le point d'interrogation (?) se place après une question.

Les points de suspension (....) signifient que la phrase est interrompue.

La parenthèse ( ) renferme les mots qui ne sont pas essentiels à la phrase, mais qui y sont intercallés comme explication ou développement.

Les guillemets (« ») servent à indiquer les citations qu'on fait.

EXEMPLE SUR L'EMPLOI DES SIGNES DE LA PONCTUATION :

Mon fils Raoul est doux, aimable, affectueux ; mais il est étourdi et inappliqué : ce sont les deux plus grands défauts que j'ai à lui reprocher. Croyez-vous, Monsieur, qu'il s'en corrige ? Ah ! que je serais heureux alors ! Je l'emmènerai jeudi avec moi à la campagne (s'il est sage, bien entendu), et nous ferons une jolie promenade dans la prairie qui borde la Seine. J'espère qu'il fera tout son possible pour ne pas en être privé, mais.... Il devrait toujours avoir présent à la mémoire cette pensée du sage : « Employez bien votre temps, si vous voulez mériter le repos ; et ne perdez pas une heure, puisque vous n'êtes pas sûr d'une minute. »

ABRÉVIATIONS

M^r, M.	= Monsieur.	C. A. D.	= C'est-à-dire.
MM.	= Messieurs.	Ex.	= Exemple.
Mme	= Madame.	S^t	= Saint.
Mlle	= Mademoiselle.	7bre	= Septembre.
M^e	= Maître.	8bre	= Octobre.
M^d	= Marchand.	9bre	= Novembre.
Le s^r	= Le sieur.	X^{bre}	= Décembre.
Vve	= Veuve.	N^o	= Numéro.
S. M.	= Sa Majesté.	1er	= Premier.
Dem^t	= Demeurant.	2^e	= Deuxième.
Dép^t	= Département.	D^{er}	= Dernier.

N. B. = *Nota Bene* (remarquez).

P. S. = *Post Scriptum* (écrit après).

FIN.